MATHEMATEG

Ystadegaeth Uned S3

I G Evans

SAFON UG/UWCH

Cyhoeddwyd gan Uned Iaith Genedlaethol Cymru,
Cyd-bwyllgor Addysg Cymru,
245 Rhodfa'r Gorllewin,
Caerdydd
CF5 2YX

Mae Uned Iaith Genedlaethol Cymru
yn rhan o WJEC CBAC Cyf.,
cwmni a gyfyngir gan warant
ac a reolir gan awdurdodau unedol Cymru.

Mathemateg Safon UG/Uwch CBAC
Ystadegaeth
Uned S3

Cyhoeddwyd dan nawdd Cynllun Cyhoeddiadau
Cyd-bwyllgor Addysg Cymru

Cyhoeddwyd gyntaf 2002

Argraffwyd gan gwmni Hackman Cyf.,
Cwm Clydach, Tonypandy, Rhondda CF40 2XX

ISBN: 1 86085 515 6

RHAGYMADRODD

Mae'r llyfr hwn (yr olaf ar Ystadegaeth) yn cyd-fynd â chynnwys y fanyleb ar gyfer Uned S3 o gynllun newydd CBAC ar gyfer Mathemateg Safon Uwch Gyfrannol/Safon Uwch. Y meysydd a drafodir yw'r rhai hynny a ymddangosodd yn llyfr Modiwl S2 ond na chawsant eu cynnwys yn llyfr Uned S2.

Fel yn y llyfrau sydd yn ymdrin â manyleb Unedau S1 ac S2, mae pob pennod wedi ei rhannu'n adrannau, a phob adran yn cyflwyno pwnc arbennig ac yn cynnwys enghreifftiau o'r gwaith ac ymarferion. Ar ddiwedd pob pennod ceir detholiad o gwestiynau ar y pynciau hynny a gododd yn y bennod. Mae mwyafrif helaeth y cwestiynau hynny wedi eu tynnu o hen bapurau arholiad (A3 ac S2).

Dylid nodi mai'r tablau a ddefnyddir yn yr enghreifftiau yw'r *Elementary Statistical Tables* a gyhoeddwyd yn wreiddiol gan Gyhoeddiadau RND ond sydd bellach yn cael eu cyhoeddi gan CBAC. Bydd angen diwygio'r datrysiadau os defnyddir y tablau a geir yn y llyfr *Statistical Tables* gan Murdoch a Barnes.

Byddem yn gwerthfawrogi pe baech yn ein hysbysu ynghylch unrhyw wallau a all fod yn y llyfr hwn a dylech eu hanfon at yr awdur neu at CBAC.

CYNNWYS

Tudalen

Pennod 1: Dosraniadau samplu
	Cyflwyniad	1
1.1	Samplu o boblogaeth feidraidd heb roi'r gwrthrychau'n ôl	3
1.2	Samplu o ddosraniad	8
1.3	Dosraniad samplu cymedr sampl	
	1.3.1 Canlyniad cyffredinol	12
	1.3.2 Theorem y Terfyn Canol	13
1.4	Dosraniad samplu cyfran	16
	Amrywiol Gwestiynau ar Bennod 1	19

Pennod 2: Amcangyfrif pwynt ar gyfer paramedr poblogaeth
	Cyflwyniad	23
2.1	Amcangyfrif pwynt ar gyfer cymedr poblogaeth	24
2.2	Amcangyfrif pwynt ar gyfer tebygolrwydd	28
2.3	Amcangyfrif pwynt ar gyfer amrywiant poblogaeth	31
2.4	Enghreifftiau eraill ar amcangyfrif diduedd	34
	Amrywiol Gwestiynau ar Bennod 2	37

Pennod 3: Amcangyfrif cyfwng ar gyfer paramedr
	Cyflwyniad	42
3.1	Amcangyfrif cyfwng ar gyfer cymedr dosraniad normal sydd ag amrywiant hysbys	42
3.2	Amcangyfrif cyfwng ar gyfer y gwahaniaeth rhwng cymedrau dau ddosraniad normal sydd ag amrywiannau hysbys	47
3.3	Ffiniau hyder bras	
	3.3.1 Ffiniau hyder bras sampl mawr ar gyfer cymedr poblogaeth	49
	3.3.2 Ffiniau hyder bras sampl mawr ar gyfer y gwahaniaeth rhwng cymedrau dwy boblogaeth	51
	3.3.3 Ffiniau hyder bras ar gyfer tebygolrwydd	54
	3.3.4 Ffiniau hyder bras ar gyfer cymedr dosraniad Poisson	57
	Amrywiol Gwestiynau ar Bennod 3	59

Pennod 4: Profi rhagdybiaethau 2

      Cyflwyniad   64

4.1   gwerth-p

      4.1.1   Gwerth-p bras wrth brofi cymedr dosraniad   64

      4.1.2   Profi gwahaniaeth rhwng cymedrau dau ddosraniad   67

4.2   Profi arwyddocâd

      Cyflwyniad   73

      4.2.1   Profi arwyddocâd cymedr dosraniad   73

      4.2.2   Profi arwyddocâd y gwahaniaeth rhwng cymedrau dau ddosraniad   77

      Amrywiol Gwestiynau ar Bennod 4   83

Pennod 5: Perthnasoedd llinol

      Cyflwyniad   87

5.1   Dull swm lleiaf sgwariau   88

5.2   Casgliad   93

5.3   Deillio'r dosraniadau samplu   98

      Amrywiol Gwestiynau ar Bennod 5   100

Atebion Rhifyddol   109

Mynegai   114

Dosraniadau Samplu

Pennod 1

Dosraniadau samplu

Cyflwyniad

Un o'r meysydd sylfaenol mewn Ystadegaeth, maes a elwir yn **gasgliad ystadegol**, yw sefyllfaoedd lle nad yw dosraniad yr hapnewidyn dan sylw yn hollol hysbys a lle defnyddir sampl o werthoedd a arsylwyd er mwyn tynnu casgliadau am y dosraniad. Cyfeirir yn aml at y dosraniad sydd i'w samplu fel **dosraniad y boblogaeth**. Isod ceir dwy enghraifft o sefyllfaoedd lle mae casgliadau yn briodol.

Enghraifft 1. Amcangyfrif cymedr poblogaeth.
Mae gwneuthurwr bylbiau golau newydd sy'n defnyddio lefel isel o ynni yn dymuno amcangyfrif hyd cymedrig oes weithredol y bylbiau. Mae'r amcangyfrif i'w wneud ar sail hyd oes sampl o fylbiau.
Gadewch i X awr ddynodi hyd oes weithredol bwlb o'r fath. Yn yr achos hwn, dosraniad X (ar gyfer pob bwlb o'r fath) yw dosraniad y boblogaeth, sy'n anhysbys. Mae ar y gwneuthurwr eisiau amcangyfrif μ, sef hyd cymedrig yr oes weithredol. Tybiwch fod sampl o'r bylbiau yn cael eu profi ac y ceir bod hyd cymedrig eu hoes weithredol yn $\bar{x}$ awr. Mae'n ymddangos yn synhwyrol cymryd $\bar{x}$ fel amcangyfrif o μ, ond sut rydym am asesu pa mor debygol y mae o fod yn agos at μ?
Mae problemau tebyg yn codi mewn llawer o feysydd ymchwilio eraill, a dyma rai enghreifftiau :
(a) Mewn addysg, mae dull newydd o ddysgu mathemateg wedi cael ei gynnig, ac mae angen darganfod a fydd disgyblion sy'n cael eu dysgu trwy'r dull hwn yn perfformio yn well, ar gyfartaledd, na disgyblion sy'n cael eu dysgu trwy'r dull traddodiadol. Bydd y dull newydd yn cael ei ddefnyddio gyda dosbarth o ddisgyblion a fydd wedyn yn sefyll prawf safonol a bydd canlyniadau'r prawf yn cael eu defnyddio i lunio casgliad am y dull newydd.

(b) Mewn garddwriaeth, mae rhaglen wrteithio newydd wedi cael ei dyfeisio ar gyfer tyfu tomatos ac mae am gael ei defnyddio ar sampl o blanhigion tomato. Cymerir cynnyrch cymedrig y tomatos o'r sampl o blanhigion fel amcangyfrif o'r cynnyrch cymedrig ar gyfer yr holl blanhigion a dyfir dan y rhaglen hon.

(c) Mewn meddygaeth, rhoddir triniaeth newydd ar gyfer clefyd penodol i sampl o gleifion er mwyn amcangyfrif yr amser cymedrig i'r driniaeth fod yn effeithiol.

Enghraifft 2. Amcangyfrif tebygolrwydd neu gyfran

Mae cwmni fferyllol wedi datblygu cyffur newydd ar gyfer clefyd penodol ac mae'n dymuno amcangyfrif y gyfradd lwyddiant, sef θ. Er mwyn amcangyfrif θ gweinir y cyffur i sampl o gleifion a defnyddir cyfradd lwyddiant y sampl fel amcangyfrif o θ.

Mae enghreifftiau eraill o'r math hwn yn cynnwys:

(a) Defnyddio sampl o bleidleiswyr i amcangyfrif pa gyfran o'r holl bleidleiswyr mewn etholaeth a fydd yn pleidleisio dros ymgeisydd penodol mewn etholiad sydd ar ddod.

(b) Hau sampl o hadau o amrywiad newydd o flodyn a defnyddio cyfradd egino'r sampl fel amcangyfrif o gyfradd egino pob had o'r fath.

(c) Defnyddio sampl o eitemau a fasgynhyrchir i amcangyfrif pa gyfran o eitemau o'r fath sy'n ddiffygiol.

Ym mhob un o'r enghreifftiau uchod, defnyddir sampl i amcangyfrif **paramedr** poblogaeth, hynny yw rhyw nodwedd rifiadol sy'n perthyn i ddosraniad tebygolrwydd (cymedr y boblogaeth yn Enghraifft 1 a chyfran y boblogaeth yn Enghraifft 2).

Diffiniad. Gelwir unrhyw faint a gyfrifir oddi wrth sampl o werthoedd er mwyn amcangyfrif paramedr poblogaeth yn **ystadegyn**.

Yn Enghraifft 1, yr ystadegyn a ddefnyddiwyd oedd cymedr y sampl, tra yn Enghraifft 2 yr ystadegyn oedd cyfran y sampl a oedd yn "llwyddiannau". Ond pa mor dda oedd y dewisiadau hyn? Pa fath o wahaniaeth y gallwn ei ddisgwyl rhwng amcangyfrif y sampl a gwir werth y paramedr? Er mwyn ateb y cwestiynau hyn mae'n rhaid cymryd i ystyriaeth y ffaith y bydd samplau gwahanol fel rheol yn rhoi amcangyfrifon gwahanol.

Gadewch i T ddynodi disgrifiad o sut y bydd gwerthoedd y sampl yn cael eu cyfuno i roi amcangyfrif o'r paramedr dan sylw. Mae T ei hun yn hapnewidyn. Gellir cael dosraniad T trwy gynhyrchu pob sampl posibl o faint penodol, a bydd pob sampl yn rhoi gwerth t ar gyfer T. Oherwydd y ceir dosraniad ystadegyn gan ddefnyddio pob sampl posibl, mae'n briodol cyfeirio at y dosraniad fel **dosraniad samplu** yr ystadegyn.

Dosraniadau Samplu

Er mwyn ein galluogi i ddarganfod dosraniad samplu mae angen gosod rhai amodau ar y dull o samplu. Yr amod hanfodol yw bod y dull a ddefnyddir yn sicrhau bod gan bob sampl o'r maint penodol yr un tebygolrwydd o gael ei ddethol.

Cyn i ni ddatblygu rhai canlyniadau damcaniaethol ynghylch dosraniadau samplu rhai ystadegau, bydd yn fuddiol deillio rhai dosraniadau samplu mewn sefyllfaoedd syml. Yn yr adran nesaf, ystyriwn enghraifft seml lle samplir o gasgliad meidraidd o wrthrychau y mae gan bob un ohonynt werth rhifiadol heb eu rhoi yn ôl, ac yn yr adran ganlynol edrychwn ar sefyllfa lle mae'r sampl yn cynnwys arsylwadau annibynnol o hapnewidyn.

1.1 Samplu o boblogaeth feidraidd heb roi'r gwrthrychau'n ôl

Ystyriwch boblogaeth (casgliad) o N gwrthrych a gadewch i X fod yn hapnewidyn sy'n rhoi gwerth rhifiadol i bob gwrthrych yn y boblogaeth. Pan nad yw gwerthoedd-X y gwrthrychau yn hysbys, y nod yw cymryd hapsampl o n gwrthrych heb eu rhoi yn ôl a defnyddio eu gwerthoedd-X hwy i amcangyfrif rhyw baramedr (e.e. y cymedr) o ddosraniad X. Mae'r enghraifft ganlynol yn dangos sut i ddarganfod dosraniadau samplu rhai ystadegau wrth samplu o boblogaeth feidraidd heb roi'r gwrthrychau'n ôl.

Enghraifft

Mae pac o ddeg cerdyn yn cynnwys pum cerdyn gyda'r rhif 1, tri gyda'r rhif 2, a'r ddau gerdyn arall gyda'r rhif 3.

(a) Darganfyddwch gymedr μ, a chanolrif, γ, y rhifau ar y cardiau yn y pac.

Tynnir tri o'r cardiau ar hap heb eu rhoi yn ôl.

(b) Darganfyddwch ddosraniad samplu cymedr $\overline{X}$ y tri rhif ar y cardiau a ddewiswyd. Trwy hyn darganfyddwch gymedr y dosraniad samplu a chymharwch ei werth â gwerth cymedr y boblogaeth.

(c) Darganfyddwch ddosraniad samplu canolrif M y tri rhif ar y cardiau a ddewiswyd. Trwy hyn darganfyddwch gymedr y dosraniad samplu a chymharwch ei werth â chanolrif y boblogaeth.

(d) Darganfyddwch ddosraniad samplu cyfran Y y rhifau ar y cardiau a ddewiswyd sydd â rhif 1 arnynt. Trwy hyn darganfyddwch gymedr y dosraniad samplu a chymharwch ei werth â chyfran y cardiau yn y boblogaeth sydd â rhif 1 arnynt.

Dosraniadau Samplu

Datrysiad
(a) Yn nhrefn eu maint, y rhifau ar y deg cerdyn yw
$$1, 1, 1, 1, 1, 2, 2, 2, 3, 3.$$
Cymedr y rhifau hyn yw $\mu = 17/10 = 1.7$.

Y canolrif yw'r gwerth canol neu, gan fod yma ddeg rhif, cyfartaledd y pumed a'r chweched rhif ydyw, o'u trefnu o'r lleiaf i'r mwyaf. Trwy hyn, y canolrif yw
$$\gamma = \tfrac{1}{2}(1 + 2) = 1.5.$$
Os yw X yn dynodi'r rhif ar gerdyn a ddewisir ar hap, yna mae dosraniad X fel a ganlyn:

x	1	2	3
P(X = x)	0.5	0.3	0.2

Cymedr y dosraniad hwn yw $\mu = 1.7$ a'i ganolrif yw $\gamma = 1.5$.

Er mwyn deillio dosraniad samplu mae angen cynhyrchu yn gyntaf bob sampl posibl o faint tri o'r boblogaeth o ddeg cerdyn a darganfod eu tebygolrwyddau. Yna gellir cael gwerth unrhyw ystadegyn ar gyfer pob sampl a diddwytho dosraniad samplu'r ystadegyn hwnnw. Yn y sefyllfa dan sylw, mae'n llawer haws ymdrin â samplau anhrefnedig na samplau trefnedig gan fod yna lai ohonynt ac y bydd unrhyw gasgliad o dri rhif yn rhoi'r un gwerth ar gyfer ystadegyn, beth bynnag yw eu trefn. Nawr, cyfanswm nifer y samplau anhrefnedig posibl o faint 3 a dynnir heb roi'r cardiau yn ôl o boblogaeth o faint 10 yw $\binom{10}{3} = 120$. Un sampl anhrefnedig posibl o werthoedd yw $\{1,1,3\}$. Gan fod hwn yn cynnwys dau rif 1 (a ddewiswyd o blith 5) ac un rhif 3 (a ddewiswyd o blith 2), nifer y ffyrdd y gallai'r sampl anhrefnedig hwn ddigwydd yw $\binom{5}{3} \times \binom{2}{1} = 20$. Felly tebygolrwydd y sampl anhrefnedig hwn yw 20/120.

Yn yr un modd, tebygolrwydd y sampl anhrefnedig $\{1, 2, 3\}$ yw
$$\binom{5}{1} \times \binom{3}{1} \times \binom{2}{1} \Big/ 120 = 30/120.$$

Rhestrir yr holl samplau anhrefnedig posibl yng ngholofn gyntaf y tabl canlynol. Mae'r ail golofn yn rhestru tebygolrwyddau'r samplau hyn, tra bo'r colofnau eraill yn dangos gwerthoedd cyfatebol y tri ystadegyn $\overline{X}$, M ac Y.

Dosraniadau Samplu

Sampl	Tebygolrwydd		$\overline{X}$	M	Y
(1, 1, 1)	$\binom{5}{3}/120$	$= 10/120$	1	1	1
(1, 1, 2)	$\binom{5}{2}\times\binom{3}{1}/120$	$= 30/120$	$1\frac{1}{3}$	1	$\frac{2}{3}$
(1, 1, 3)	$\binom{5}{2}\times\binom{2}{1}/120$	$= 20/120$	$1\frac{2}{3}$	1	$\frac{2}{3}$
(1, 2, 2)	$\binom{5}{1}\times\binom{3}{2}/120$	$= 15/120$	$1\frac{2}{3}$	2	$\frac{1}{3}$
(1, 2, 3)	$\binom{5}{1}\times\binom{3}{1}\times\binom{2}{1}/120$	$= 30/120$	2	2	$\frac{1}{3}$
(1, 3, 3)	$\binom{5}{1}\times\binom{2}{2}/120$	$= 5/120$	$2\frac{1}{3}$	3	$\frac{1}{3}$
(2, 2, 2)	$\binom{3}{3}/120$	$= 1/120$	2	2	0
(2, 2, 3)	$\binom{3}{2}\times\binom{2}{1}/120$	$= 6/120$	$2\frac{1}{3}$	2	0
(2, 3, 3)	$\binom{3}{1}\times\binom{2}{2}/120$	$= 3/120$	$2\frac{2}{3}$	3	0

[Mae'r tebygolrwyddau yn adio i un fel y dylent - mae'n fuddiol gwirio hyn bob tro!]

(b) O'r tabl uchod darganfyddwn fod dosraniad samplu $\overline{X}$ yn unol â'r hyn a welir yn y tabl canlynol.

$\overline{x}$	1	$1\frac{1}{3}$	$1\frac{2}{3}$	2	$2\frac{1}{3}$	$2\frac{2}{3}$
$P(\overline{X} = \overline{x})$	$\frac{10}{120}$	$\frac{30}{120}$	$\frac{35}{120}$	$\frac{31}{120}$	$\frac{11}{120}$	$\frac{3}{120}$

Cymedr y dosraniad samplu hwn yw
$$E(\overline{X}) = \frac{1}{120}\left(1\times 10 + \frac{4}{3}\times 30 + \frac{5}{3}\times 35 + 2\times 31 + \frac{7}{3}\times 11 + \frac{8}{3}\times 3\right) = \frac{612}{360} = 1.7 = \mu.$$

Felly, mae gwerth cyfartalog $\overline{x}$ dros bob sampl posibl yn hafal i μ. Gwelir mai $1\frac{2}{3}$ yw ei gwerth mwyaf tebygol.

Dosraniadau Samplu

(c) Gan gyfeirio yn ôl at ein tabl o ganlyniadau a'u tebygolrwyddau, gwelwn fod dosraniad samplu canolrif y sampl, sef M, yn :

m	1	2	3
P(M = m)	$\frac{60}{120}$	$\frac{52}{120}$	$\frac{8}{120}$

Mae'n dilyn bod gwerth cymedrig M dros bob sampl posibl yn

$$E(M) = \frac{1}{120} (1 \times 60 + 2 \times 52 + 3 \times 8) = \frac{188}{120} = 1\frac{17}{30} \cong 1.57$$

sy'n agos at ganolrif y boblogaeth $\gamma = 1.5$, ond nid yw'n hafal iddo. Hefyd, gwerth mwyaf tebygol M yw 1.

(d) Gan gyfeirio yn ôl eto at ein tabl o ganlyniadau a thebygolrwyddau, gwelwn fod dosraniad samplu Y fel a ganlyn.

y	0	$\frac{1}{3}$	$\frac{2}{3}$	1
P(Y = y)	$\frac{10}{120}$	$\frac{50}{120}$	$\frac{50}{120}$	$\frac{10}{120}$

Gwerth cyfartalog Y dros bob sampl posibl yw

$$E(Y) = \frac{1}{120}(0 \times 10 + \frac{1}{3} \times 50 + \frac{2}{3} \times 50 + 1 \times 10) = \frac{60}{120} = \frac{1}{2},$$

sy'n hafal i P(X = 1), sef cyfran y rhifau 1 yn y boblogaeth. Hefyd, nid oes gwerth unigol mwyaf tebygol ar gyfer Y, gan fod gwerthoedd 1/3 a 2/3 yr un mor debygol â'i gilydd a hwy yw'r gwerthoedd mwyaf tebygol.

Gan grynhoi'r ddadl uchod, gwelir bod gwerthoedd cymedrig cymedr y sampl yn hafal i gymedr y boblogaeth. Hefyd mae gwerthoedd cymedrig y gyfran o rifau 1 yn y sampl yn hafal i'r gyfran o rifau 1 yn y boblogaeth. Mae'r ddau ganlyniad hyn **yn wir bob tro** wrth samplu o boblogaeth feidraidd heb roi'r gwrthrychau'n ôl.

Ymarfer 1.1

1. Gan gyfeirio at y pac o 10 cerdyn yn yr enghraifft uchod, darganfyddwch ddosraniadau samplu $\overline{X}_2$ ac $\overline{X}_4$, lle mae $\overline{X}_r$ (r = 2, 4) yn cynrychioli cymedr y rhifau ar r cerdyn a ddewiswyd ar hap o'r pecyn hwn heb eu rhoi yn ôl. Gwiriwch fod cymedr pob dosraniad samplu yn hafal i μ (cymedr y boblogaeth). Hefyd cyfrifwch amrywiannau'r dosraniadau samplu a rhowch sylwadau ar eu gwerthoedd cymharol.

Dosraniadau Samplu

2. Mae blwch arian yn cynnwys chwe darn arian, sef un darn 5c, un 20c, dau 10c a dau 50c. Hapddewisir dau ddarn arian heb eu rhoi yn ôl. Darganfyddwch ddosraniad samplu cyfanswm eu gwerth a'r tebygolrwydd bod cyfanswm eu gwerth yn fwy na 30c.

3. Rhoddir pum cerdyn wedi eu rhifo yn 1, 2, 3, 4 a 5 mewn blwch. Hapddewisir tri o'r cardiau heb eu rhoi yn ôl. Darganfyddwch ddosraniad samplu

(a) canolrif y tri rhif a ddewisir,

(b) y lleiaf o'r tri rhif a ddewisir.

4. Mae is-bwyllgor o dri i'w ffurfio o blith pwyllgor o chwe pherson. O'r chwe pherson ar y pwyllgor, mae dau yn 30 mlwydd oed, un yn 32, dau yn 33 ac un yn 37. Darganfyddwch ddosraniadau samplu cymedr a chanolrif oedran yr is-bwyllgor os caiff ei hapddewis.

5. Mae bag yn cynnwys 3 pêl goch a 2 bêl las. Hapddewisir dwy bêl heb eu rhoi yn ôl yn y bag. Gadewch i Y ddynodi cyfran y peli coch yn y sampl. Darganfyddwch ddosraniad samplu Y a gwiriwch fod ei werth disgwyliedig yn hafal i gyfran y peli coch yn y bag.

6. Mae nifer y dyddiau yr oedd 5 gweithiwr (A, B, C, D, E) mewn swyddfa yn absennol o'r gwaith yn ystod blwyddyn yn cael ei ddangos yn y tabl canlynol.

Gweithiwr	A	B	C	D	E
Nifer y dyddiau yn absennol	10	6	0	4	0

(a) Cyfrifwch gymedr μ ac amrywiant σ^2 nifer y dyddiau yr oedd y gweithwyr hyn yn absennol o'u gwaith.

(b) Hapddewiswyd tri o'r gweithwyr heb eu rhoi yn ôl. Gadewch i $\overline{X}$ ddynodi nifer cymedrig y dyddiau yr oedd y tri gweithiwr a ddewiswyd yn absennol. Darganfyddwch ddosraniad samplu $\overline{X}$ a gwiriwch fod $E(\overline{X}) = \mu$ a bod $Var(\overline{X}) = \sigma^2/6$.

7. Mae carton yn cynnwys 10 blwch o fatsys, ac mae 3 ohonynt yn cynnwys 46 matsen, 6 yn cynnwys 47 matsen, a'r llall yn cynnwys 48 matsen. Cyfrifwch nifer cymedrig μ o fatsys yn y blychau yn y carton. Tynnir sampl o dri blwch o'r carton heb eu rhoi yn ôl. Gadewch i $\overline{X}$ ddynodi nifer cymedrig y matsys yn y blychau a samplwyd. Darganfyddwch ddosraniad samplu $\overline{X}$. Gwiriwch fod $E(\overline{X}) = \mu$ ac enrhifwch $Var(\overline{X})$.

8. Mae teuluoedd A, B, C, D ac E yn byw yn y pum fflat mewn bloc. Nid oes gan deulu A na B blant, mae gan deuluoedd C a D un plentyn yr un, ac mae gan deulu E ddau blentyn. Darganfyddwch

(a) nifer cymedrig y plant ym mhob teulu,

(b) cyfran y teuluoedd sydd heb blant.

Dosraniadau Samplu

(c) Hapddewisir tri o'r teuluoedd heb eu rhoi yn ôl. Darganfyddwch ddosraniad samplu (i) nifer cymedrig y plant yn y sampl, (ii) cyfran y teuluoedd yn y sampl sydd heb blant. Gwiriwch fod cymedrau'r dosraniadau samplu yn hafal i'r gwerthoedd cyfatebol yn y boblogaeth.

1.2 Samplu o ddosraniad

Gadewch i X ddynodi hapnewidyn a ddiffinnir mewn perthynas â haparbrawf penodol y gellir ei ail-wneud yn ddiderfyn o dan amodau unfath. Er enghraifft, gall X fod y sgôr a geir pan deflir dis neu ryw nodwedd rifiadol yn perthyn i ansawdd rhyw eitem a fasgynhyrchir. Gadewch i $X_1, X_2, \ldots, X_n$ ddynodi canlyniadau n cynnig annibynnol ar yr haparbrawf. Yna mae $X_1, X_2, \ldots, X_n$ yn hapnewidynnau annibynnol (gan fod yr arbrofion yn annibynnol) ac mae gan bob un yr un dosraniad ag X. Cyfeiriwn at $X_1, X_2, \ldots, X_n$ fel **hapsampl o n arsylw o X**. Mae samplu o blith poblogaeth feidraidd gan roi'r samplau yn ôl yn achos arbennig pan fodlonir yr amodau uchod. Fodd bynnag, nid yw hyn yn wir pan wneir y samplu o blith poblogaeth feidraidd heb roi'r samplau yn ôl, gan fod yr amodau yn amrywio o'r naill gynnig i'r llall, gyda maint y boblogaeth yn lleihau fesul un ar ôl pob cynnig.

Trwy weddill y llyfr hwn, tybir bod unrhyw sampl yn hapsampl o arsylwadau o hapnewidyn yn unol â'r diffiniad uchod. Mae'r enghraifft ganlynol yn deillio dosraniadau samplu rhai ystadegau yn seiliedig ar hapsampl o dri arsylw o hapnewidyn arwahanol syml.

Enghraifft

Mae olwyn rwlét wedi ei rhannu yn ddeg sector cyfartal, chwech ohonynt wedi eu rhifo yn 1, tri wedi eu rhifo yn 2 a'r sector arall wedi ei rifo yn 3. Bob tro mae'r olwyn yn cael ei throi, mae'r pwyntydd yr un mor debygol o aros ar unrhyw un o'r sectorau, a'r sgôr a geir yw'r rhif ar y sector hwnnw. Gadewch i X ddynodi'r sgôr unrhyw dro y troir yr olwyn. Yna, mae dosraniad X (dosraniad y boblogaeth) fel a ganlyn.

x	1	2	3
P(X =x)	0.6	0.3	0.1

Cymedr y dosraniad hwn yw $\mu \equiv E(X) = 1 \times 0.6 + 2 \times 0.3 + 3 \times 0.1 = 1.5$.

Dosraniadau Samplu

Ystyriwch dri chynnig ar droi'r olwyn. Dynodir y sgorau a geir gan X_1, X_2, ac X_3, yn y drefn honno. Dylid sylwi bod X_1, X_2, X_3 yn hapnewidynnau annibynnol, i gyd gyda'r un dosraniad ag X. Rydym nawr am ddarganfod dosraniadau samplu :

(a) $\overline{X}$, cymedr y tri sgôr,   (b) Y, pa gyfran o'r tri sy'n hafal i 1.

Datrysiad

Yn gyntaf, mae angen ystyried pob sampl posibl o 3 arsylwad ar X. Bob tro y troir yr olwyn gellir cael unrhyw un o dri sgôr posibl, felly cyfanswm nifer y canlyniadau **trefnedig** gyda thri thro yw $3 \times 3 \times 3 = 27$. Fel yn Adran 1.1 mae'n haws ystyried pob canlyniad **anhrefnedig** posibl. Un canlyniad anhrefnedig posibl yw $\{1, 2, 2\}$. Gan y gellid cael yr 1 ar unrhyw un o'r tri thro, mae yna dri chanlyniad trefnedig sy'n rhoi'r canlyniad anhrefnedig $\{1, 2, 2\}$. Yn yr un modd, gellir cael y canlyniad anhrefnedig $\{1, 2, 3\}$ o unrhyw un o 6 chanlyniad trefnedig posibl. Mae'r tabl canlynol yn rhestru pob canlyniad anhrefnedig posibl, y niferoedd cysylltiedig o ganlyniadau trefnedig, tebygolrwyddau'r canlyniadau anhrefnedig a gwerthoedd $\overline{X}$ ac Y.

Canlyniad anhrefnedig	Nifer o ganlyniadau trefnedig	Tebygolrwydd	$\overline{X}$	Y
$\{1, 1, 1\}$	1	$(0.6)^3$ = 0.216	1	1
$\{1, 1, 2\}$	3	$3(0.6)^2(0.3)$ = 0.324	$1\frac{1}{3}$	$\frac{2}{3}$
$\{1, 1, 3\}$	3	$3(0.6)^2(0.1)$ = 0.108	$1\frac{2}{3}$	$\frac{2}{3}$
$\{1, 2, 2\}$	3	$3(0.6)(0.3)^2$ = 0.162	$1\frac{2}{3}$	$\frac{1}{3}$
$\{1, 2, 3\}$	6	$6(0.6)(0.3)(0.1)$ = 0.108	2	$\frac{1}{3}$
$\{1, 3, 3\}$	3	$3(0.6)(0.1)^2$ = 0.018	$2\frac{1}{3}$	$\frac{1}{3}$
$\{2, 2, 2\}$	1	$(0.3)^3$ = 0.027	2	0
$\{2, 2, 3\}$	3	$3(0.3)^2(0.1)$ = 0.027	$2\frac{1}{3}$	0
$\{2, 3, 3\}$	3	$3(0.3)(0.1)^2$ = 0.009	$2\frac{2}{3}$	0
$\{3, 3, 3\}$	1	$(0.1)^3$ = 0.001	3	0
Cyfansymiau	27	1.000		

[Dangosir y ddau gyfanswm er mwyn gwirio cywirdeb.]

Dosraniadau Samplu

(a) O edrych ar y drydedd a'r bedwaredd golofn yn y tabl ceir bod dosraniad samplu $\overline{X}$ fel a ganlyn :

$\overline{x}$	1	$1\frac{1}{3}$	$1\frac{2}{3}$	2	$2\frac{1}{3}$	$2\frac{2}{3}$	3
$P(\overline{X} = \overline{x})$	0.216	0.324	0.270	0.135	0.045	0.009	0.001

Cymedr y dosraniad samplu hwn yw

$$E(\overline{X}) = 1 \times 0.216 + \frac{4}{3} \times 0.324 + \frac{5}{3} \times 0.270 + 2 \times 0.135 + \frac{7}{3} \times 0.045 + \frac{8}{3} \times 0.009 + 3 \times 0.001$$
$$= 1.5$$

sy'n hafal i E(X), cymedr y boblogaeth, ond dylid nodi na fydd unrhyw gymedr sampl a arsylwir yn hafal i gymedr y boblogaeth.

(b) O edrych ar y drydedd a'r bumed golofn yn y tabl canlyniadau, gwelir bod dosraniad samplu Y = cyfran y rhifau 1 yn y sampl, fel a ganlyn.

Y	0	$\frac{1}{3}$	$\frac{2}{3}$	1
P(Y = y)	0.064	0.288	0.432	0.216

Mae'n dilyn bod

$$E(Y) = 0 \times 0.064 + \frac{1}{3} \times 0.288 + \frac{2}{3} \times 0.432 + 1 \times 0.216 = 0.6,$$

sy'n hafal i P(X = 1).

[Ym Mhennod 2 byddwn yn dangos bod gwerth disgwyliedig cymedr hapsampl o arsylwadau ar hapnewidyn bob tro yn hafal i gymedr y boblogaeth, a hefyd bod gwerth disgwyliedig cyfran mewn sampl bob tro'n hafal i'r gyfran yn y boblogaeth.]

Ymarfer 1.2

1. Mae gan haparbrawf dri chanlyniad posibl, sef 0, 1 a 2, a'u tebygolrwyddau yw 0.2, 0.6 a 0.2, yn ôl eu trefn. Gadewch i X ddynodi canlyniad un cynnig ar yr haparbrawf a gadewch i $\overline{X}$ ddynodi cymedr canlyniadau tri chynnig annibynnol ar yr haparbrawf. Darganfyddwch ddosraniad samplu $\overline{X}$ a gwiriwch fod
(a) $E(\overline{X}) = E(X)$ a   (b) $\text{Var}(\overline{X}) = \frac{1}{3}\text{Var}(X)$.

Dosraniadau Samplu

2. Trwy gyfeirio at yr enghraifft y gweithiwyd arni uchod, darganfyddwch ddosraniad samplu canolrif y sampl, sef M. Enrhifwch E(M).

3. Gadewch i X_1 ac X_2 ddynodi'r cyntaf a'r ail o ddau arsylw annibynnol ar yr hapnewidyn X y rhoddir ei ddosraniad yn y tabl canlynol.

x	0	1	2
P(X = x)	0.3	0.4	0.3

(a) Rhestrwch yr holl ganlyniadau trefnedig posibl (X_1, X_2) ac enrhifwch eu tebygolrwyddau.
(b) Darganfyddwch ddosraniad samplu $\overline{X}$, sef cymedr X_1 ac X_2. Gwiriwch fod $E(\overline{X}) = E(X)$ a bod $Var(\overline{X}) = \frac{1}{2}Var(X)$.
(c) Darganfyddwch ddosraniad samplu $W = \frac{1}{2}(X_1 - X_2)^2$. Gwiriwch fod $E(W) = Var(X)$.

4. Mae tri wyneb ar ddis ciwbigol teg wedi eu rhifo yn 1, dau wedi eu rhifo yn 2 a'r wyneb arall wedi ei rifo yn 3. Pan deflir y dis, diffinnir y sgôr X fel y rhif sy'n ymddangos ar yr wyneb uchaf. Ysgrifennwch ddosraniad X ac enrhifwch ei gymedr a'i amrywiant.
(a) Gadewch i $\overline{X}$ ddynodi cymedr y sgorau gyda thri thafliad o'r dis. Deilliwch ddosraniad samplu $\overline{X}$. Enrhifwch $E(\overline{X})$ a $Var(\overline{X})$ a chymharwch eu gwerthoedd ag E(X) a Var(X), yn ôl eu trefn.
(b) Gadewch i M ddynoti canolrif y tri sgôr. Darganfyddwch ddosraniad samplu M ac enrhifwch E(M).
(c) Gadewch i R ddynoti amrediad y tri sgôr (hynny yw, yr uchaf minws yr isaf). Darganfyddwch ddosraniad samplu R ac enrhifwch E(R).
(d) Gadewch i P ddynoti cyfran y rhifau 1 a geir gyda thri thafliad. Darganfyddwch ddosraniad samplu P a gwiriwch fod E(P) = P(X = 1).

5. Mae X_1 ac X_2 yn ddau arsylw annibynnol o'r hapnewidyn X lle mae
$$P(X = x) = \frac{1}{3}, \quad \text{ar gyfer } x = 1, 2, 3.$$
Deilliwch ddosraniad samplu $Y = X_1/X_2$ a dangoswch fod $E(Y) \neq E(X_1)/E(X_2)$.

Dosraniadau Samplu

1.3 Dosraniad samplu cymedr sampl

1.3.1 Canlyniad cyffredinol

Fe gofiwch o Adran 2.5 llyfr S2, os $\overline{X}$ yw cymedr hapsampl n arsylwad o hapnewidyn X sydd â chymedr μ ac amrywiant σ^2, yna mae dosraniad samplu $\overline{X}$ yn bodloni'r hafaliadau canlynol,

$$E(\overline{X}) = \mu \quad \text{a} \quad \text{Var}(\overline{X}) = \sigma^2/n$$

Enghraifft

Gadewch i $\overline{X}$ ddynodi cymedr hapsampl o 27 arsylw o hapnewidyn di-dor X sydd â dosraniad unffurf dros y cyfwng rhwng 1 a 10. Darganfyddwch gymedr a gwyriad safonol $\overline{X}$.

Datrysiad

Gan fod $X \sim U[1,10]$ cawn

$$E(X) = (1 + 10)/2 = 5.5 \quad \text{a} \quad \text{Var}(X) = (10 - 1)^2/12 = 6.75.$$

Felly, gan ddefnyddio'r canlyniadau a roddir uchod,

$$E(\overline{X}) = E(X) = 5.5 \quad \text{a} \quad \text{Var}(\overline{X}) = 6.75/27 = 0.25$$

Felly mae gan $\overline{X}$ gymedr 5.5 a gwyriad safonol $\sqrt{0.25} = 0.5$

Ymarfer 1.3a

1. Mae gan yr hapnewidyn X y dosraniad a ddangosir yn y tabl canlynol.

x	0	1	2
P(X = x)	0.4	0.4	0.2

Darganfyddwch gymedr ac amrywiant $\overline{X}$, lle mae $\overline{X}$ yn cynrychioli cymedr hapsampl o 14 arsylwad o X.

2. Mae ochrau dis tetrahedrol cytbwys wedi eu rhifo ag 1, 2, 3, 4, yn y drefn honno. Pan gaiff y dis hwn ei daflu ar fwrdd, y sgôr a geir yw'r rhif ar yr wyneb sy'n cyffwrdd y bwrdd. Gellir cymryd yn ganiataol bod y sgôr a geir ar unrhyw dafliad yr un mor debygol o fod yn 1, 2, 3, 4. Teflir y dis 12 gwaith.

Cyfrifwch gymedr ac amrywiant cymedr y 14 sgôr.

3. Mae gan yr hapnewidyn di-dor X ffwythiant dwysedd tebygolrwydd f a roddir gan

$$f(x) = x + 0.5, \quad \text{ar gyfer } 0 \leq x \leq 1.$$

Darganfyddwch gymedr ac amrywiant cymedr hapsampl o 11 arsylw o X.

4. Mae gan yr hapnewidyn di-dor X ffwythiant dwysedd tebygolrwydd f, lle mae

$$f(x) = 3(100 - x)^2/10^6, \quad \text{ar gyfer } 0 < x < 100.$$

Cyfrifwch gymedr ac amrywiant X. Drwy hynny, cyfrifwch gymedr ac amrywiant cymedr hapsampl o 4 arsylw o X.

5. Darganfyddwch gymedr a gwyriad safonol cymedr hapsampl o 10 arsylw o'r hapnewidyn sydd â dosraniad Poisson gyda chymedr 2.5.

6. Gadewch i $\overline{X}$ ddynodi cymedr hapsampl o n arsylw o hapnewidyn sydd â gwyriad safonol 4. Darganfyddwch werth lleiaf n os yw gwyriad safonol $\overline{X}$ yn 0.5 ar y mwyaf.

1.3.2 Theorem y Terfyn Canol

Mae Theorem y Terfyn Canol yn nodi os $\overline{X}$ yw cymedr hapsampl o arsylwadau hapnewidyn X sydd â chymedr μ a gwyriad safonol σ yna, ar gyfer n mawr, mae dosraniad samplu $\overline{X}$ yn agos at fod yn normal. Hynny yw, mae

$$\overline{X} \approx N(\mu, \sigma^2/n) \quad (1)$$

Mae'r dull o sefydlu'r canlyniad hwn yn gofyn am fathemateg sydd y tu hwnt i lefel y llyfr hwn.

Fe gofiwch o Adran 2.5 yn llyfr S2 bod (1) yn hollol wir os yw X wedi ei ddosrannu'n normal. Mae pa mor fawr y mae'n rhaid i n fod er mwyn sicrhau bod y brasamcan yn (1) yn eithaf da yn dibynnu ar siâp dosraniad X. Yn gyffredinol, po fwyaf cymesur yw dosraniad X, y lleiaf mae'n rhaid i n fod er mwyn sicrhau bod (1) yn frasamcan da.

[Gellir defnyddio efelychiad cyfrifiadurol o arsylwadau o ddosraniad penodol, e.e U(0,1), i ddangos Theorem y Terfyn Canol drwy gymryd nifer o samplau maint n (ar gyfer gwahanol werthoedd o n) a llunio histogramau o gymedrau'r samplau a geir].

Gan ddynodi'r arsylwadau sampl gydag $X_1, X_2, \ldots, X_n$, noder bod (1) yn cyfateb i

$$\sum_{i=1}^{n} X_i \approx N(n\mu, n\sigma^2) \quad (2)$$

a

$$\frac{\overline{X} - \mu}{\sigma/\sqrt{n}} \approx N(0, 1) \quad (3)$$

Os yw X yn hapnewidyn arwahanol, yna mae $\overline{X}$ hefyd yn arwahanol. Gan fod ar (1) angen defnyddio dosraniad normal di-dor fel brasamcan ar gyfer dosraniad arwahanol, gellir cael gwell brasamcanion ar gyfer tebygolrwyddau sy'n ymwneud ag $\overline{X}$ trwy ddefnyddio'r cywiriad priodol ar gyfer didoriant, fel a wnaed gennym wrth ddefnyddio brasamcanion normal ar gyfer y dosraniadau binomaidd a Poisson yn Adran 1.7 yn llyfr S2. Yn achos X arwahanol y mae ei werthoedd posibl yn gyfanrifau dilynol, y gwahaniaeth rhwng gwerthoedd dilynol $\overline{X}$ fydd 1/n ac felly y ffactor priodol ar gyfer cywiro am barhad yw 1/(2n). Fodd bynnag, bydd gwerthoedd posibl S, sef swm yr arsylwadau, hefyd yn gyfanrifau dilynol ac felly ar gyfer S y cywiriad am ddidoriant fydd

Dosraniadau Samplu

0.5, fel yn Adran 1.7 llyfr S2. Felly, mae yna ryw fantais mewn defnyddio (2) yn hytrach nag (1) pan fydd X yn hapnewidyn arwahanol wedi ei gyfyngu i werthoedd sy'n gyfanrifau dilynol. Mae'r enghraifft ganlynol yn dangos hyn.

Enghraifft 1

Darganfyddwch werth bras ar gyfer y tebygolrwydd y bydd y sgôr cymedrig a geir mewn 30 tafliad o ddis ciwbigol teg yn 4 neu fwy.

Datrysiad

Gadewch i X ddynodi'r sgôr mewn un tafliad o'r dis. Gan fod y dis yn deg,
$$P(X = x) = \frac{1}{6}, \quad \text{ar gyfer } x = 1, 2, 3, 4, 5, 6.$$
Trwy gymesuredd, neu fel arall, cymedr y dosraniad hwn yw $\mu = E(X) = 3\frac{1}{2}$ a'i amrywiant yw
$$\sigma^2 = \text{Var}(X) = E(X^2) - \mu^2 = \frac{1}{6}(1 + 4 + 9 + 16 + 25 + 36) - \left(\frac{7}{2}\right)^2 = \frac{35}{12}.$$
Gan fod X yn arwahanol, defnyddir (2) i ateb y cwestiwn dan sylw.
Gadewch i $X_1, X_2, \ldots, X_{30}$ ddynodi'r sgorau a geir yn y 30 tafliad. Gan ddefnyddio (2), mae dosraniad S = swm y 30 sgôr rhywbeth yn debyg i'r normal, gyda'r
cymedr = $30 \times 3.5 = 105$ a'r amrywiant = $30 \times (35/12) = 1050/12$.
Mae arnom eisiau gwerth bras ar gyfer $P(\overline{X} \geq 4)$, lle mae $\overline{X} = S/30$ yn gymedr y sgorau.

$P(\overline{X} \geq 4) \equiv P(S \geq 120) \equiv P(S > 119.5)$, wrth gymhwyso'r cywiriad ar gyfer didoriant
$$\cong P\left(Z > \frac{119.5 - 105}{\sqrt{1050/12}}\right) \cong P(Z > 1.55) \cong 0.061.$$

[Gan ddefnyddio (1) mae gan gymedr y sampl $\overline{X}$ ddosraniad rhywbeth yn debyg i'r normal gyda chymedr = 3.5 ac amrywiant = $\frac{35}{360}$.

Gan anwybyddu'r cywiriad ar gyfer didoriant (sef 1/60 yn yr achos hwn), ceir
$$P(\overline{X} \geq 4) = P\left(Z \geq \frac{4 - 3.5}{\sqrt{35/360}}\right) \cong P(Z \geq 1.60) \cong 0.055.$$

Byddai cymhwyso'r cywiriad ar gyfer didoriant (1/60) yma yn arwain at yr ateb 0.061 a roddwyd uchod.]

Dosraniadau Samplu

Enghraifft 2

Dosrennir yr hapnewidyn di-dor X gyda chymedr 25.8 a gwyriad safonol 2.4. Defnyddiwch frasamcan dosraniadol i enrhifo'r tebygolrwydd y bydd cymedr hapsampl o 50 arsylw ar X yn llai na 26.

Datrysiad

Gadewch i $\overline{X}$ ddynodi cymedr y sampl. Gan ddefnyddio (1) gwyddom fod
$$\overline{X} \approx N(25.8, 2.4^2/50).$$
Gan ddefnyddio'r brasamcan hwn, mae
$$P(\overline{X} < 26) \cong P\left(Z < \frac{26 - 25.8}{2.4/\sqrt{50}}\right) \cong P(Z < 0.59) \cong 0.722.$$

[Noder nad oedd angen cywiriad ar gyfer didoriant yma oherwydd bod X yn hapnewidyn di-dor.]

Ymarfer 1.3b

1. Darganfyddwch werth bras ar gyfer y tebygolrwydd y bydd cymedr y sgorau mewn 50 tafliad o ddis ciwbigol teg rhwng 3 a 4, y ddau yn gynwysedig.

2. Mae gan yr hapnewidyn arwahanol X y dosraniad a ddangosir yn y tabl canlynol.

x	1	2	3
P(X = x)	0.6	0.3	0.1

Darganfyddwch werth bras ar gyfer y tebygolrwydd y bydd cymedr hapsampl o 80 arsylw ar X yn fwy nag 1.65.

3. Dangosodd dadansoddiad o nofelau a ysgrifennwyd gan awdur penodol fod cymedr nifer y geiriau ym mhob brawddeg yn 24 a'r gwyriad safonol yn 5. Darganfyddwch werth bras ar gyfer y tebygolrwydd y bydd nifer cymedrig y geiriau ym mhob brawddeg mewn hapsampl o 100 brawddeg yn 25 neu fwy.

4. Mae gan fasau bagiau o fawn ddosraniad gyda chymedr 25.1 kg a gwyriad safonol 0.4 kg. Darganfyddwch werth bras ar gyfer y tebygolrwydd y bydd gan hapsampl o 50 bag
(a) fàs cymedrig llai na 25 kg, (b) gyfanswm màs dros 1260 kg.

5. Mae gan yr amserau y mae cleifion yn eu treulio yn yr ystafell ymgynghori gyda'r meddyg ddosraniad â chymedr 5 munud a gwyriad safonol 2 funud. Mae'r meddyg am weld 30 claf yn ystod y bore, gan ddechrau am 9.00 a.m. Darganfyddwch werth bras ar gyfer y tebygolrwydd y bydd y meddyg wedi gweld y 30 claf i gyd cyn 12.00 p.m.

Dosraniadau Samplu

6. Gadewch i $\overline{X}$ ddynodi cymedr hapsampl o 50 arsylw o'r hapnewidyn X y rhoddir ei ffwythiant dwysedd tebygolrwydd f gan

$$f(x) = 2x, \qquad \text{ar gyfer } 0 \leq x \leq 1.$$

Darganfyddwch werth bras ar gyfer $P(\overline{X} > 0.6)$.

7. Gadewch i $\overline{X}$ ddynodi cymedr hapsampl o 80 arsylw o X, lle mae gan X y ffwythiant dwysedd tebygolrwydd f a roddir gan

$$f(x) = \frac{3}{4}x(2-x), \qquad \text{ar gyfer } 0 < x < 2.$$

Darganfyddwch werthoedd bras ar gyfer (a) $P(\overline{X} < 1)$, (b) $P(\overline{X} > 0.95)$.

8. Mae gan yr hapnewidyn di-dor X ffwythiant dwysedd tebygolrwydd f, lle mae

$$f(x) = \frac{1}{2}, \qquad \text{ar gyfer } 0 \leq x \leq 1,$$

$$f(x) = \frac{1}{4}(3-x), \qquad \text{ar gyfer } 1 < x \leq 3.$$

Darganfyddwch werth bras ar gyfer y tebygolrwydd y bydd cymedr hapsampl o 100 arsylw ar X yn llai nag 1.

9. Mae trwch llyfrau a brynir gan lyfrgell yn hapnewidyn gyda chymedr 3 cm a gwyriad safonol 1 cm. Mae'r llyfrgellydd yn archebu 1000 o lyfrau, ac mae 30.2 m o silffoedd ar gael ar eu cyfer. Darganfyddwch, yn fras, y tebygolrwydd y bydd digon o le ar y silffoedd i'r llyfrau hyn. Darganfyddwch hefyd faint o silffoedd ychwanegol y byddai eu hangen er mwyn sicrhau bod y tebygolrwydd bod lle i'r 1000 o lyfrau yn 0.95.

10. Pan gaiff rhif ei dalgrynnu i'r cyfanrif agosaf, diffinnir y cyfeiliornad talgrynnu fel y rhif ei hun minws ei werth wedi'r talgrynnu. Pan gaiff rhifau eu talgrynnu i'r cyfanrif agosaf, gellir ystyried y cyfeiliornadau talgrynnu fel arsylwadau annibynnol o ddosraniad unffurf dros y cyfwng $(-0.5, +0.5)$. O wybod bod 75 o rifau yn cael eu talgrynnu i'r cyfanrif agosaf, darganfyddwch werth bras ar gyfer y tebygolrwydd y bydd y cyfeiliornad talgrynnu cymedrig yn llai yn **feintiol** na 0.05.

1.4 Dosraniad samplu cyfran

Gadewch i X ddynodi nifer y llwyddiannau mewn n prawf Bernoulli annibynnol lle mae'r tebygolrwydd o lwyddiant mewn unrhyw un ohonynt yn θ, a gwerth θ yn anhysbys. Mae'n hysbys bod gan X y dosraniad $B(n, \theta)$ a bod $E(X) = n\theta$ a $\text{Var}(X) = n\theta(1-\theta)$. Cyfran y llwyddiannau yn y sampl yw $P = X/n$, ac mae'n gwneud synnwyr defnyddio'r ystadegyn hwn ar gyfer amcangyfrif θ. Mae dosraniad samplu P yn gyfryw fel bod

$$E(P) = \frac{1}{n}E(X) = \theta \quad \text{a} \quad \text{Var}(P) = \frac{1}{n^2}\text{Var}(X) = \frac{\theta(1-\theta)}{n}.$$

Dosraniadau Samplu

Mae'r priodweddau uchod sy'n perthyn i gyfran sampl yn ddilys yn amlach na sy'n amlwg ar yr olwg gyntaf. Er enghraifft, gadewch i X ddynodi mesur ansawdd gwrthrych a fasgynhyrchir a thybiwch nad yw eitem yn foddhaol oni bai bod X yn fwy na rhyw werth penodol c. Yna, cyfran yr eitemau a gynhyrchir sy'n foddhaol yw $\theta = P(X > c)$. Os yw P yn dynodi cyfran yr eitemau boddhaol mewn hapsampl o n eitem, yna bydd gan ddosraniad samplu P y cymedr a'r amrywiant a roddir uchod. Fel enghraifft arall lle mae'r canlyniadau uchod yn gymwys, gadewch i θ fod y gyfran o wrthrychau sydd â rhyw nodwedd arbennig mewn casgliad o wrthrychau (e.e. gall θ fod y gyfran o'r holl ddisgyblion mewn ysgol sydd â chi anwes). Yna, os tynnir hapsampl o n gwrthrych o'r casgliad, **gan eu rhoi yn ôl bob tro**, mae gan y gyfran P yn y sampl sydd â'r nodwedd y cymedr a'r amrywiant a roddir uchod. Os tynnir hapsampl o n gwrthrych o gasgliad o wrthrychau **heb eu rhoi yn ôl**, yna bydd y canlyniadau uchod yn wir **yn fras** ar gyfer y gyfran P yn y sampl cyn belled â bod n yn fach iawn o'i gymharu â nifer N y gwrthrychau yn y casgliad. (Mae hyn yn dilyn oherwydd pan fydd n/N yn fach, bydd y tebygolrwydd bod gan wrthrych a dynnir ar hap o'r casgliad y nodwedd dan sylw yn aros bron yn gyson trwy'r samplu.)

Er mwyn gwirio'r canlyniadau a roddir uchod, ystyriwch yr enghraifft yn Adran 1.2, lle roedd dosraniad X fel a ganlyn.

x	1	2	3
P(X = x)	0.6	0.3	0.1

Mewn hapsampl o 3 arsylw ar X, gadawyd i Y ddynodi cyfran y rhifau 1 yn y sampl a dangoswyd bod dosraniad samplu Y fel a ganlyn

y	0	$\frac{1}{3}$	$\frac{2}{3}$	1
P(Y = y)	0.064	0.288	0.432	0.216

Yn Adran 1.2 dangoswyd bod $E(Y) = 0.6 = P(X = 1)$, sy'n cytuno â'r canlyniad cyffredinol a roddir uchod.

$$E(Y)^2 = \frac{1}{9} \times 0.288 + \frac{4}{9} \times 0.432 + 1 \times 0.216 = 0.44$$

Trwy hyn, mae $\quad\quad\quad\quad Var(Y) = 0.44 - 0.6^2 = 0.08$.

Gan fod n = 3 a $\theta = P(X = 1) = 0.6$, mae'r canlyniad a roddir uchod (gydag Y am P), yn rhoi

$$Var(Y) = 0.6 \times 0.4/3 = 0.08,$$

sy'n cytuno â'r gwerth a gafwyd o ddosraniad samplu Y.

Dosraniadau Samplu

Enghraifft

Mewn hapsampl o 50 arsylw o'r hapnewidyn X, sydd â dosraniad normal gyda chymedr 20 a gwyriad safonol 2, darganfyddwch gymedr ac amrywiant cyfran y sampl o werthoedd sy'n fwy na 22.

Datrysiad

Yma, mae $\theta = P(X > 22) = P\left(Z > \dfrac{22-20}{2}\right) = P(Z > 1) = 0.1586$.

Gan fod n = 50, dyma gymedr ac amrywiant y gyfran samplu, P, o werthoedd sy'n fwy na 22 :

$E(P) = \theta = 0.1586$ a $Var(P) = 0.1586 \times 0.8414/50 = 0.0027$, yn gywir i bedwar lle degol.

Ymarfer 1.4

1. Tynnir pedair pêl ar hap, **gan eu rhoi yn ôl bob tro**, o fag yn cynnwys 7 pêl goch a 3 pêl wen. Gadewch i P ddynodi'r gyfran o'r peli a dynnwyd sy'n goch. Deilliwch ddosraniad samplu P a gwiriwch y canlyniadau a roddir yn yr adran hon ar gyfer E(P) a Var(P).

2. Mae ffatri yn cynhyrchu nifer fawr iawn o eitemau bob dydd. Mae'r tebygolrwydd y bydd eitem a ddetholir ar hap yn ddiffygiol yn 0.04. Cymerir hapsampl o 100 eitem o blith yr eitemau a gynhyrchir mewn diwrnod penodol. Cyfrifwch amrywiant y gyfran o eitemau diffygiol yn y sampl.

3. Mae tri wyneb ar ddis ciwbigol teg wedi eu rhifo yn 1, dau wedi eu rhifo yn 2 a'r wyneb arall wedi ei rifo yn 3. Teflir y dis 20 gwaith. Gadewch i P_1 ddynodi cyfran y troeon y ceir sgôr o 1, P_2 cyfran y troeon y ceir sgôr o 2, a P_3 cyfran y troeon y ceir sgôr o 3. Cyfrifwch gymedr ac amrywiant (a) P_1, (b) P_2, (c) P_3.

4. Dosrennir y màs, X g, o sylwedd na ellir ei fwyta ym mhob kg mewn golwyth o gig gyda ffwythiant dwysedd tebygolrwydd f a roddir gan

$$f(x) = \dfrac{3}{10^6}(100 - x)^2, \quad \text{ar gyfer } 0 < x < 100.$$

Ystyrir golwyth, màs 1 kg, yn is na'r safon os yw maint y cynnwys na ellir ei fwyta yn fwy na 75 g. Cyfrifwch y tebygolrwydd y bydd golwyth yn cael ei ystyried yn is na'r safon. Tynnir hapsampl o 10 golwyth, màs 1 kg yr un. Darganfyddwch gymedr ac amrywiant y gyfran o'r golwython yn y sampl a ystyrir yn is na'r safon.

5. Mae gan yr hapnewidyn X ffwythiant dwysedd tebygolrwydd f, lle mae

$$f(x) = \frac{1}{4}(2 + x), \qquad \text{ar gyfer} -1 < x < 1.$$

Tynnir hapsampl o 15 arsylw ar X. Darganfyddwch gymedr ac amrywiant y gyfran o'r arsylwadau yn y sampl sy'n bositif.

Amrywiol Gwestiynau ar Bennod 1

1. (1987) Mae gan yr hapnewidyn arwahanol X y dosraniad
   $P(X = 1) = 0.4, \ P(X = 2) = 0.2, \ P(X = 3) = 0.4$
Cyfrifwch amrywiant X. Gadewch i X_1 ac X_2 ddynodi dau arsylw annibynnol ar X. Deilliwch ddosraniad samplu $T = \frac{1}{2}(X_1 - X_2)^2$ a gwiriwch fod $E(T) = Var(X)$. (7)

2. (1988) Mae pedwar cerdyn yn cael eu rhifo 2, 2, 4 a 6, yn y drefn honno. Hapddewisir dau o'r cardiau hyn heb eu rhoi yn ôl. Gadewch i Y ddynodi y rhif mwyaf ar y cardiau a ddewisir. (Cymerwch fod Y = 2 os yw'r ddau gerdyn wedi eu rhifo yn 2). Darganfyddwch ddosraniad samplu Y a thrwy hyn darganfyddwch werth disgwyliedig y mwyaf o'r ddau rif. (5)

3. (1989) Gadewch i $\overline{X}$ ddynodi cymedr hapsampl o 15 arsylw ar yr hapnewidyn X a ddosrennir gyda ffwythiant dwysedd tebygolrwydd f, lle mae

$$f(x) = \frac{3x^2}{\alpha^3}, \qquad \text{ar gyfer } 0 \le x \le \alpha.$$

Cyfrifwch gymedr ac amrywiant $\overline{X}$ yn nhermau α. (5)

4. (1991) Mae deg byngalo ar ystâd fach o dai. Mae gan dri ohonynt 2 lofft, chwech ohonynt 3 llofft, a'r llall 4 llofft.
(a) Cyfrifwch gymedr, μ, a gwyriad safonol, σ, nifer y llofftydd ym mhob byngalo ar yr ystâd. (3)
(b) Hapddewisir sampl o dri o'r deg byngalo (**heb eu rhoi yn ôl**). Gadewch i $\overline{X}$ ddynodi nifer cymedrig y llofftydd yn y tri byngalo a ddewisir.
(i) Mae saith cyfuniad posibl o'r niferoedd o lofftydd yn y tri byngalo a ddewisir. Mae'r tabl canlynol yn dangos tri o'r cyfuniadau hyn, ynghyd â'u tebygolrwyddau a'r gwerthoedd $\overline{X}$ cyfatebol. Copïwch y tabl hwn a rhowch y cyfuniadau posibl eraill i mewn ynghyd â'u tebygolrwyddau a'r gwerthoedd $\overline{X}$ cyfatebol. (6)

Dosraniadau Samplu

Cyfuniadau	Tebygolrwydd	$\overline{X}$
(2, 2, 2)	$\dfrac{1}{120}$	2
(2, 2, 3)	$\dfrac{18}{120}$	$2\dfrac{1}{3}$
(2, 2, 4)	$\dfrac{3}{120}$	$2\dfrac{2}{3}$

(ii) Gwiriwch fod $E(\overline{X}) = \mu$ ac enrhifwch $Var(\overline{X})$.

(c) Tybiwch yn awr yr hapsamplir y byngalos **gan eu rhoi yn ôl**. Darganfyddwch faint lleiaf y sampl y bydd angen ei gymryd er mwyn i amrywiant nifer cymedrig y llofftydd ym mhob byngalo yn y sampl hwn fod yn llai nag amrywiant $\overline{X}$. (3)

5. (1992) Mae amlen yn cynnwys 10 stamp, 7 gwerth 20 ceiniog a 3 gwerth 25 ceiniog.
(i) Darganfyddwch gymedr, μ, ac amrywiant, σ^2, gwerthoedd y 10 stamp hyn. (3)
Hapddewisir pedwar o'r 10 stamp hyn. Gadewch i T_1 ddynodi cyfanswm gwerth y 4 stamp os y'u dewisir **heb eu rhoi yn ôl**, a gadewch i T_2 ddynodi cyfanswm eu gwerth os y'u dewisir **gan eu rhoi yn ôl**.
(ii) Darganfyddwch ddosraniad samplu T_1 ac enrhifwch ei gymedr a'i amrywiant. Eglurwch pam fod $E(T_1) = 4\mu$ a pham fod $Var(T_1) \neq 4\sigma^2$. (6)
(iii) Darganfyddwch ddosraniad samplu T_2 ac enrhifwch ei gymedr a'i amrywiant. Eglurwch sut y gellid darganfod gwerthoedd $E(T_2)$ a $Var(T_2)$ heb ddarganfod dosraniad samplu T_2 yn gyntaf. (6)

6. (1994) Cymerir hapsampl o 50 arsylw o ddosraniad di-dor gyda chymedr 4 a gwyriad safonol 2. Cyfrifwch frasamcan ar gyfer y tebygolrwydd bod cymedr y 50 arsylw yn fwy na 4.3. Rhowch eich ateb yn gywir i 2 le degol. (4)

7. (1995) Mae bag yn cynnwys chwe cherdyn; mae dau o'r cardiau wedi eu rhifo yn 1, dau wedi eu rhifo yn 2 a dau wedi eu rhifo yn 3. Hapddewisir tri cherdyn o'r bag heb eu rhoi yn ôl.
(a) Lluniwch dabl sy'n dangos pob cyfuniad posibl o'r rhifau ar y tri cherdyn a ddewiswyd ynghyd â'u tebygolrwyddau.
(b) Diddwythwch ddosraniad tebygolrwydd canolrif y tri rhif hyn. (7)

Dosraniadau Samplu

8. (S2 1996) Mae gan yr hapnewidyn arwahanol X werthoedd 1, 2, 3 gyda thebygolrwyddau $\frac{1}{6}, \frac{1}{3}, \frac{1}{2}$, yn y drefn honno. Cymerir hapsampl o ddau arsylw, X_1 ac X_2, o ddosraniad X. Cyfrifwch yr holl barau posibl o werthoedd X_1 ac X_2. Trwy hynny, darganfyddwch ddosraniad samplu
(a) swm $S = X_1 + X_2$,   (b) yr amrediad $R = |X_1 - X_2|$. (6)

9. (A3 1996) Gellir modelu dosraniad faint o betrol, X mil o litrau, a werthir bob dydd mewn gorsaf betrol gan y ffwythiant dosraniad tebygolrwydd f a roddir gan

$$f(x) = kx^2(4 - x), \text{ ar gyfer } 0 \leq x \leq 4.$$

(a) Dangoswch fod $k = \frac{3}{64}$. (2)

(b) Cyfrifwch gymedr ac amrywiant X. (5)

(c) Gan gymryd bod gwerthiannau pob diwrnod yn annibynnol, defnyddiwch frasamcan priodol i gyfrifo'r tebygolrwydd bod cyfanswm faint a werthir mewn cyfnod o 100 diwrnod yn fwy na 250,000 litr. (4)

10. (A3 1997) Mae gan fenyw bum darn arian yn ei phwrs, dau ddarn 2c, dau ddarn 5c ac un darn 10c. Mae'n dewis tri darn ar hap heb eu rhoi yn ôl.
(a) Darganfyddwch ddosraniad samplu T, sef cyfanswm gwerth y tri darn arian a ddewisir. (4)
(b) Darganfyddwch E(T). (2)

11. (A3 1998) Mae blwch yn cynnwys chwe phêl â'r rhifau 1, 2, 3, 4, 5, 6 arnynt, yn y drefn honno. Dewisir dwy bêl ar hap, ar yr un pryd, ac mae M yn dynodi'r mwyaf o'r ddau rif a geir.
(a) Dangoswch fod $P(M = 5) = \frac{4}{15}$. (2)
(b) Lluniwch dabl i ddangos dosraniad samplu M. (3)
(c) Cyfrifwch E(M). (2)

12. (A3 1998) Pan gaiff n rhif a ddewisir ar hap eu talgrynnu i'r rhif cyfan agosaf, gellir ystyried y cyfeiliornadau a gafwyd, sef $X_1, X_2, \ldots, X_n$, fel hapsampl o'r dosraniad unffurf di-dor $U(-0.5, 0.5)$. Gadewch i $\overline{X}$ ddynodi cymedr y sampl.
(a) Darganfyddwch amrywiant $\overline{X}$ yn nhermau n. (2)
(b) Gan gymryd bod n yn fawr, nodwch ddosraniad bras ar gyfer $\overline{X}$. (1)

Dosraniadau Samplu

(c) Trwy hynny, darganfyddwch y gwerth lleiaf ar gyfer n fyddai'n bodloni'r tebygolrwydd isod

$$P(-0.1 < \overline{X} < 0.1) > 0.95.$$ (4)

13. (S2 1998) Mae gan ddis teg dri wyneb wedi eu rhifo ag 1, dau wyneb wedi eu rhifo â 2, a'r llall wedi ei rifo â 3. Caiff y dis ei daflu ddwywaith. Gadewch i Y ddynodi cymhareb y sgôr uchaf a geir yn erbyn y sgôr isaf a geir. (Er enghraifft, os ceir 3, 2 yn unrhyw drefn, yna gwerth Y yw $\frac{3}{2}$ = 1.5 ac os yw'r sgorau yn 2,2 yna gwerth Y yw $\frac{2}{2}$ = 1.) Drwy restru'r holl barau posibl o sgorau y gellid eu cael, neu fel arall, cyfrifwch ddosraniad samplu Y. (7)

Pennod 2

Amcangyfrif pwynt ar gyfer paramedr poblogaeth

Cyflwyniad

Ystyriwch hapnewidyn X y mae ei ddosraniad yn cynnwys paramedr anhysbys sef θ. Enghreifftiau o baramedrau yw tebygolrwydd llwyddiant θ dosraniad binomaidd, a chymedr μ a gwyriad safonol σ dosraniad normal. Fel y dywedwyd ym Mhennod 1, gellir cael amcangyfrif ar gyfer paramedr anhysbys θ trwy gymryd hapsampl o arsylwadau ar yr hapnewidyn a dewis ystadegyn yr ystyrir ei fod yn briodol ar gyfer darparu amcangyfrif rhesymol. Gan ddynodi'r hapsampl o arsylwadau gydag $X_1, X_2, \ldots, X_n$, gadewch i $T \equiv T(X_1, X_2, \ldots, X_n)$ fod yr ystadegyn a ddewisir i amcangyfrif θ. Er enghraifft, fel y dywedwyd ym Mhennod 3 llyfr S2, er mwyn amcangyfrif cymedr y boblogaeth mae'n gwneud synnwyr defnyddio cymedr y sampl $\overline{X}$. Cyfeirir at yr ystadegyn a ddewisir, T, fel **amcangyfrifyn pwynt** θ gan y bydd yn darparu gwerth unigol fel amcangyfrif ar gyfer θ. Gan ddynodi'r gwerthoedd sampl a arsylwir gydag $x_1, x_2, \ldots, x_n$, y gwerth a arsylwir ar gyfer T yw $t = T(x_1, x_2, \ldots, x_n)$, a chyfeirir at hyn fel **amcangyfrif pwynt** θ. Wedi dewis T addas ar gyfer amcangyfrif θ, sut rydym yn asesu a yw'n amcangyfrifyn da? Pa briodweddau a ddylai fod gan T er mwyn ei ystyried yn amcangyfrifyn da i θ? I ateb y cwestiynau hyn mae angen edrych ar ddosraniad samplu T. Un briodwedd arbennig o eiddo T a ystyrir yn ddymunol yw **diffyg tuedd**.

Diffiniad. Dywedir bod T yn **amcangyfrifyn diduedd** ar gyfer y paramedr θ os, a dim ond os, yw $E(T) = \theta$, beth bynnag fo gwerth θ.

Felly, mae T yn amcangyfrifyn diduedd ar gyfer θ os yw gwerth cymedrig T dros bob sampl posibl o faint n yn hafal i θ. Dywedir bod y gwerth t a arsylwir i T ar gyfer sampl penodol yn **amcangyfrif diduedd** o θ. Noder bod t yn werth a arsylwir ar hap i T.

Mewn llawer o sefyllfaoedd mae'n bosibl darganfod mwy nag un amcangyfrifyn diduedd ar gyfer paramedr. Yna mae'r cwestiwn yn codi pa un yw'r gorau i'w ddefnyddio. Un ateb amlwg yw dewis yr un sydd fwyaf tebygol o roi gwerth sy'n agos at wir werth θ. Gadewch i T_1 a T_2 ddynodi dau amcangyfrifyn diduedd i θ. Gan fod $E(T_1) = E(T_2) = \theta$, bydd gwyriadau safonol eu dosraniadau samplu yn nodi pa mor grynodol y maent o amgylch θ. Mae'n dilyn mai'r un gorau yw'r un sydd â'r gwyriad safonol lleiaf. Mae hyn yn cael ei ddarlunio yn Ffigur 2.1, sy'n dangos dosraniadau samplu dau amcangyfrifyn diduedd ar gyfer θ. Mae'n amlwg oddi wrth y diagram fod T_1 yn debycach na T_2 o gael gwerth agos at θ ac, o ganlyniad, y dylid dewis T_1 yn hytrach na T_2. Gelwir gwyriad safonol dosraniad samplu amcangyfrifyn diduedd T yn **gyfeiliornad safonol** T, ac fe'i talfyrrir i SE(T).

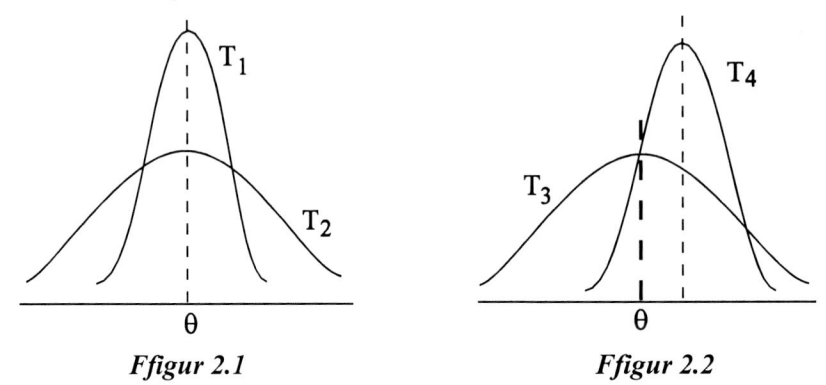

Ffigur 2.1 *Ffigur 2.2*

Sylwer bod y cyfeiliornad safonol yn briodol ar gyfer dewis rhwng amcangyfrifynnau diduedd ond nad yw'n briodol ar gyfer dewis rhwng amcangyfrifynnau oni bai eu bod i gyd yn ddiduedd. Mae Ffigur 2.2 yn dangos dosraniadau samplu dau amcangyfrifyn T_3 a T_4 a dim ond T_3 sy'n ddiduedd. Yn yr achos hwn mae'n anodd penderfynu ai T_3 ynteu T_4 sydd fwyaf tebyg o fod â gwerth agos at θ.

Yn yr adrannau a ganlyn byddwn yn deillio amcangyfrifynnau diduedd ar gyfer cymedr poblogaeth, amrywiant poblogaeth, a pharamedr (tebygolrwydd o lwyddiant) dosraniad binomaidd.

2.1 Amcangyfrif pwynt ar gyfer cymedr poblogaeth

Gadewch i $X_1, X_2, \ldots, X_n$ ddynodi hapsampl o n arsylw ar hapnewidyn X sydd â chymedr μ a gwyriad safonol σ. Fel a nodwyd ynghynt, dewis call o ystadegyn ar gyfer amcangyfrif μ yw cymedr y sampl $\overline{X}$. Yn Adran 1.3.1 dangoswyd bod gan ddosraniad samplu $\overline{X}$ gymedr μ; hynny yw, $E(\overline{X}) = \mu$, ac felly mae $\overline{X}$ yn amcangyfrifyn diduedd ar gyfer μ. Ond gwyddom hefyd fod $E(X_i) = \mu$ ar gyfer pob i = 1, 2, ..., n, ac felly bod pob X_i hefyd yn amcangyfrifyn diduedd ar gyfer μ. At hynny, os $\overline{X}_{(r)}$ yw cymedr unrhyw r o'r X_i, yna mae $E(\overline{X}_{(r)}) = \mu$, ac felly mae $\overline{X}_{(r)}$ hefyd yn amcangyfrifyn diduedd ar gyfer μ gydag unrhyw r = 2, 3, ..., n. Gellir dadlau mai $\overline{X}$ yw'r dewis gorau o blith yr amcangyfrifynnau diduedd hyn ar gyfer μ oherwydd bod ei werth yn dibynnu ar bob un o'r n arsylw. Dadl gryfach dros ddewis $\overline{X}$ yw bod ei amrywiant (ac felly ei gyfeiliornad safonol) yn llai nag amrywiant unrhyw un o'r amcangyfrifynnau diduedd posibl eraill. Fel y gwelwyd yn Adran 1.3.1., yr amrywiannau yw :

Amcangyfrif pwynt ar gyfer paramedr poblogaeth

$$\text{Var}(X_i) = \sigma^2, \quad \text{Var}(\overline{X}_{(r)}) = \sigma^2/r, \quad \text{Var}(\overline{X}) = \sigma^2/n.$$

Mewn gwirionedd, gellir dangos o blith pob cyfuniad llinol posibl o hapsampl o n arsylw, mai cymedr y sampl yw'r un sydd â'r amrywiant lleiaf. (Gofynnir i chi brofi hyn ar gyfer n = 2 yng Nghwestiwn 2 Ymarferion 2.1.)

At hynny, sylwer mai po fwyaf yw gwerth n gorau yn y byd yw'r amcangyfrifyn $\overline{X}$, gan fod ei amrywiant yn lleihau wrth i n gynyddu.

Enghraifft 1

Gadewch i X_1, X_2, ac X_3 ddynodi hapsampl o dri arsylw ar hapnewidyn X sydd â chymedr μ a gwyriad safonol σ. Dangoswch fod y ddau ystadegyn

$$T_1 = \frac{1}{6}(X_1 + 2X_2 + 3X_3) \text{ a } T_2 = \frac{1}{5}(X_1 + 2X_2 + 2X_3)$$

ill dau yn amcangyfrifynnau diduedd ar gyfer μ a phenderfynwch pa un yw'r amcangyfrifyn gorau.

Ysgrifennwch gyfuniad llinol X_1, X_2, a X_3 a fydd yn rhoi amcangyfrifyn diduedd ar gyfer μ gyda'r cyfeiliornad safonol lleiaf. Mynegwch y cyfeiliornad safonol lleiaf hwn fel lluosrif o σ.

Datrysiad

Gan fod X_1, X_2, a X_3 yn haparsylwadau rydym yn gwybod eu bod yn annibynnol a bod gan bob un yr un dosraniad ag X. Yn arbennig, $E(X_1) = E(X_2) = E(X_3) = \mu$ a $\text{Var}(X_1) = \text{Var}(X_2) = \text{Var}(X_3) = \sigma^2$. Gan ddefnyddio priodweddau tebygolrwydd, ceir

$$E(T_1) = \frac{1}{6}[E(X_1) + 2E(X_2) + 3E(X_3)] = \frac{1}{6} \times 6\mu = \mu,$$

ac felly mae T_1 yn amcangyfrifyn diduedd ar gyfer μ. Yn yr un modd ceir

$$E(T_2) = \frac{1}{5}[E(X_1) + 2E(X_2) + 2E(X_3)] = \frac{1}{5} \times 5\mu = \mu,$$

sy'n dangos bod T_2 hefyd yn amcangyfrifyn diduedd ar gyfer μ.

Trwy ddefnyddio priodweddau amrywiant, gwelwn fod

$$\text{Var}(T_1) = \frac{1}{36}[\text{Var}(X_1) + 4\text{Var}(X_2) + 9\text{Var}(X_3)] = \frac{1}{36} \times 14\sigma^2 \cong 0.3889\sigma^2$$

a $\quad \text{Var}(T_2) = \frac{1}{25}[\text{Var}(X_1) + 4\text{Var}(X_2) + 4\text{Var}(X_3)] = \frac{1}{25} \times 9\sigma^2 \cong 0.36\sigma^2$

Gan fod $\text{Var}(T_2) < \text{Var}(T_1)$, T_2 yw'r amcangyfrifyn gorau ar gyfer μ.

Fel a nodwyd cyn yr enghraifft hon, y cyfuniad llinol o hapsampl o arsylwadau lle ceir yr amcangyfrifyn diduedd ar gyfer μ gyda'r amrywiant lleiaf yw cymedr y sampl. Felly, yn yr enghraifft hon y cyfuniad llinol gorau i'w ddewis yw $\overline{X} = \frac{1}{3}(X_1 + X_2 + X_3)$, sydd ag amrywiant $\sigma^2/3$ a chyfeiliornad safonol $\sigma/\sqrt{3}$.

Amcangyfrif pwynt ar gyfer paramedr poblogaeth

Enghraifft 2

Mae gan hapnewidyn X ffwythiant dwysedd tebygolrwydd f a roddir gan

$$f(x) = \theta x + \frac{3}{2}x^2, \qquad \text{ar gyfer} -1 \le x \le 1.$$

lle mae θ yn gysonyn anhysbys.

(a) Dangoswch fod $E(X) = \frac{2}{3}\theta$.

(b) Gadewch i $\overline{X}$ ddynodi cymedr hapsampl o n arsylw ar X. Darganfyddwch luosrif $\overline{X}$ sy'n amcangyfrifyn diduedd ar gyfer θ. Mynegwch amrywiant yr amcangyfrifyn hwn yn nhermau θ ac n.

Datrysiad

(a) $E(X) = \int_{-1}^{1}\left(\theta x^2 + \frac{3}{2}x^3\right)dx = \left[\frac{1}{3}\theta x^3 + \frac{3}{8}x^4\right]_{-1}^{1} = \frac{2}{3}\theta.$

(b) Trwy hyn mae $E(\overline{X}) = \frac{2}{3}\theta$, ac o hyn diddwythwn fod $E\left(\frac{3}{2}\overline{X}\right) = \theta$. Hynny yw, mae $\frac{3}{2}\overline{X}$ yn amcangyfrifyn diduedd ar gyfer θ.

Gwyddom fod $\operatorname{Var}\left(\frac{3}{2}\overline{X}\right) = \frac{9}{4}\operatorname{Var}(\overline{X}) = \frac{9}{4n}\operatorname{Var}(X).$

$$E(X^2) = \int_{-1}^{1}\left(\theta x^3 + \frac{3}{2}x^4\right)dx = \left[\frac{1}{4}\theta x^4 + \frac{3}{10}x^5\right]_{-1}^{1} = \frac{3}{5}.$$

Felly $\operatorname{Var}(X) = \frac{3}{5} - \left(\frac{2}{3}\theta\right)^2 = \frac{27 - 20\theta^2}{45}$

ac amrywiant ein amcangyfrifyn diduedd ar gyfer θ yw

$$\operatorname{Var}\left(\frac{3}{2}\overline{X}\right) = \frac{9}{4n} \times \frac{27 - 20\theta^2}{45} = \frac{27 - 20\theta^2}{20n}.$$

Ymarfer 2.1

1. Gadewch i X_1, X_2, ac X_3 ddynodi hapsampl o dri arsylw ar hapnewidyn X, sydd â chymedr μ a gwyriad safonol 4. Dangoswch fod pob un o'r ystadegau

$$T_1 = X_1 + X_2 - X_3, \quad T_2 = \frac{1}{4}(2X_1 + X_2 + X_3), \quad T_3 = \frac{1}{3}(X_1 + X_2 + X_3)$$

yn amcangyfrifyn diduedd ar gyfer μ a phenderfynwch pa un sydd â'r amrywiant lleiaf.

2. Mae ystadegyn ar ffurf $T = aX_1 + bX_2$, lle mae a a b yn gysonion ac X_1 ac X_2 yn arsylwadau annibynnol ar hapnewidyn X, sydd â chymedr μ a gwyriad safonol σ, am gael ei ddefnyddio fel amcangyfrifyn diduedd ar gyfer μ. Darganfyddwch hafaliad sy'n cysylltu a a b er mwyn i T fod yn ddiduedd. Ysgrifennwch fynegiad ar gyfer amrywiant

Amcangyfrif pwynt ar gyfer paramedr poblogaeth

T yn nhermau a, b a σ. Trwy hyn darganfyddwch werthoedd a a b lle mae T yn amcangyfrifyn diduedd ar gyfer μ sydd â'r cyfeiliornad safonol lleiaf posibl.

3. Gadewch i $\overline{X}$ ddynodi cymedr hapsampl o n arsylw ar yr hapnewidyn X, sydd â dosraniad unffurf dros y cyfwng [0, θ], lle mae θ yn anhysbys. Darganfyddwch werth c os yw T = c$\overline{X}$ yn amcangyfrifyn diduedd ar gyfer θ. Hefyd darganfyddwch amrywiant yr amcangyfrifyn hwn yn nhermau θ ac n.

4. Gadewch i X ddynodi haparsylw o ddosraniad sydd â chymedr μ a gwyriad safonol 4, a gadewch i Y ddynodi haparsylw o ddosraniad arall sydd â chymedr 2μ a gwyriad safonol 8. O wybod bod y gwerthoedd a arsylwyd ar gyfer X ac Y yn 10 a 28, yn ôl eu trefn, darganfyddwch yr amcangyfrif diduedd gorau ar gyfer μ ac eglurwch ym mha ffordd y mae orau.

5. Roedd gan hapsampl o 8 arsylw o ddosraniad Poisson y gwerthoedd

    3, 0, 4, 1, 2, 1, 3, 1

Cyfrifwch yr amcangyfrif diduedd gorau ar gyfer cymedr y dosraniad.

6. Mae gan ddiamedrau berynnau dur ddosraniad normal gyda chymedr μ mm a gwyriad safonol 0.03 mm. Diamedrau hapsampl o naw beryn (mewn mm) oedd

    5.01, 5.03, 4.96, 4.91, 5.06, 4.97, 5.02, 4.94, 4.92

(a) Cyfrifwch yr amcangyfrif diduedd gorau ar gyfer μ ac ysgrifennwch werth cyfeiliornad safonol yr amcangyfrifyn.

(b) Cyfrifwch y tebygolrwydd y bydd gan hapsampl arall o naw beryn ddiamedr cymedrig o fewn 0.01 mm i μ.

7. Dosrennir yr hapnewidyn X gyda ffwythiant dwysedd tebygolrwydd f, lle mae

$$f(x) = 3x^2/\theta^3, \quad \text{ar gyfer } 0 \leq x \leq \theta.$$

Os yw X_1 a X_2 yn ddau arsylw annibynnol ar X, dangoswch fod $T = \frac{2}{3}(X_1 + X_2)$ yn amcangyfrifyn diduedd ar gyfer θ a darganfyddwch ei gyfeiliornad safonol yn nhermau θ.

8. Gadewch i X_1, X_2, ac X_3 ddynodi tri arsylw annibynnol ar yr hapnewidyn X, sydd â chymedr $\frac{1}{2}\theta$ ac amrywiant $\frac{1}{12}\theta^2$. Darganfyddwch y gwerth ar gyfer c er mwyn i $T = c(X_1 + X_2 + X_3)$ fod yn amcangyfrifyn diduedd ar gyfer θ a darganfyddwch ei gyfeiliornad safonol yn nhermau θ.

9. O wybod mai $\overline{X}$ yw cymedr hapsampl o n arsylw o'r dosraniad unffurf U[0, θ] darganfyddwch amcangyfrifyn diduedd ar gyfer θ. Roedd gan hapsampl o 10 arsylw y gwerthoedd   1.6, 1.8, 2.1, 4.4, 1.8, 2.0, 1.9, 1.7, 2.0, 2.0

Cyfrifwch amcangyfrif diduedd ar gyfer θ. Rhowch reswm pam na all yr amcangyfrif hwn fod yn wir werth θ.

2.2 Amcangyfrif pwynt ar gyfer tebygolrwydd

Gadewch i X ddynodi nifer y llwyddiannau a geir mewn n prawf Bernoulli annibynnol lle mae'r tebygolrwydd o lwyddiant mewn unrhyw un ohonynt yn θ (anhysbys). Gwyddom fod X ~ B(n, θ). Cyfran y llwyddiannau yn yr n prawf yw P = X/n ac mae hwn yn ystadegyn sy'n rhesymol ar gyfer amcangyfrif θ. Yn Adran 1.4 dangoswyd bod dosraniad samplu P yn gyfryw fel bod

$$E(P) = \theta, \quad (1)$$

ac felly mae P yn amcangyfrifyn diduedd ar gyfer θ. Dangoswyd hefyd fod Var(P) = θ(1 − θ)/n, ac felly y rhoddir cyfeiliornad safonol P gan

$$SE(P) = \sqrt{\left\{\frac{\theta(1-\theta)}{n}\right\}} \quad (2)$$

Fel yn achos $\overline{X}$, gwelir mai po fwyaf yw gwerth n gorau yn y byd yw'r amcangyfrifyn yn yr ystyr bod ei gyfeiliornad safonol yn lleihau wrth i n gynyddu.

Gan fod SE(P) yn cynnwys θ nad yw ei werth yn hysbys, ni ellir ei enrhifo hyd yn oed ar ôl i'r gwerth p a arsylwir ar gyfer P fod yn hysbys. Fodd bynnag, gellir cael rhyw syniad o werth SE(P) fel a ganlyn.

$$\theta(1-\theta) = \theta - \theta^2 \equiv \frac{1}{4} - \left(\frac{1}{2} - \theta\right)^2.$$

Trwy hyn mae'n dilyn mai gwerth uchaf θ(1−θ) yw $\frac{1}{4}$, sy'n digwydd pan fo $\theta = \frac{1}{2}$. Felly, ar gyfer unrhyw θ, mae

$$SE(P) \leq \frac{1}{2\sqrt{n}} \quad (3)$$

Ar ben hynny, mae graff θ(1 − θ) yn eithaf gwastad wrth ymyl $\theta = \frac{1}{2}$, ac felly mae ochr dde hafaliad (3) yn darparu brasamcan buddiol o SE(P) ar gyfer unrhyw θ nad yw'n bell iawn o $\frac{1}{2}$. Mae'n bosibl gwneud brasamcan arall hefyd o SE(P) ar ôl perfformio'r profion. Os yw nifer y llwyddiannau a arsylwir yn x, yna gwerth cyfatebol P yw p = x/n, a gellir rhoi hyn yn lle θ yn (2) ar gyfer amcangyfrif o SE(P) a roddir gan

$$ESE(P) = \sqrt{\frac{p(1-p)}{n}} \quad (4)$$

lle mae ESE(P) yn cynrychioli ein talfyriad am amcangyfrif o gyfeiliornad safonol P.

Mae'r canlyniadau uchod hefyd yn ddilys yn yr achos lle mae θ yn dynodi cyfran y gwrthrychau sydd â nodwedd arbennig mewn casgliad o N gwrthrych a lle mae P yn dynodi'r gyfran o'r gwrthrychau sydd â'r nodwedd hon mewn hapsampl o n gwrthrych a dynnir o'r casgliad **gan eu rhoi yn ôl bob tro**. Os gwneir y samplu heb eu rhoi yn ôl,

Amcangyfrif pwynt ar gyfer paramedr poblogaeth

bydd y canlyniadau uchod yn wir yn fras cyn belled â bod n yn llai o lawer nag N, gan fod y tebygolrwydd o ddewis gwrthrych gyda'r nodwedd bron yn gyson bob tro y tynnir gwrthrych allan.

Enghraifft 1

Er mwyn rhagfynegi cyfran y pleidleisiau y bydd ymgeisydd penodol yn eu derbyn mewn etholiad sydd ar fin cael ei gynnal, canfasiwyd hapsampl o 100 o etholwyr a dywedodd 38 ohonynt eu bod yn bwriadu pleidleisio dros yr ymgeisydd. Cyfrifwch amcangyfrif diduedd o'r gyfran o'r holl etholwyr sy'n bwriadu pleidleisio dros yr ymgeisydd. Darganfyddwch (a) arffin uchaf, (b) gwerth bras, ar gyfer cyfeiliornad safonol yr amcangyfrifyn a ddefnyddir.

Datrysiad

Mae'n rhesymol tybio bod cyfanswm nifer y pleidleiswyr yn fawr iawn ac felly y gellir defnyddio'r canlyniadau yn yr adran hon.

Y gyfran a arsylwir o'r etholwyr a samplwyd sy'n bwriadu pleidleisio dros yr ymgeisydd yw $$p = \frac{38}{100} = 0.38.$$

O (1), dyma amcangyfrif diduedd o gyfran θ yr holl etholwyr sy'n bwriadu pleidleisio dros yr ymgeisydd. (Rydym yn cymryd yn ganiataol, wrth gwrs, fod yr etholwyr yn y sampl wedi ateb yn onest!).

(a) O (3), gydag n = 100, yr arffin uchaf ar gyfer cyfeiliornad safonol SE(P) ein hamcangyfrifyn yw $$\frac{1}{2\sqrt{100}} = \frac{1}{20} = 0.05.$$

(b) O (4), gydag n = 100 a p = 0.38, rhoddir brasamcan i SE(P) gan
$$\text{ESE(P)} = \sqrt{\left(\frac{0.38 \times 0.62}{100}\right)} = 0.0485.$$

Enghraifft 2

Mae gan hapnewidyn X y ffwythiant dwysedd tebygolrwydd f, lle mae
$$f(x) = \theta x + \frac{3}{2}x^2, \quad \text{ar gyfer } -1 \leq x \leq 1$$

Gadewch i Y ddynodi nifer y gwerthoedd positif mewn hapsampl o n arsylw ar X. Darganfyddwch, yn nhermau Y, amcangyfrifyn diduedd ar gyfer θ a darganfyddwch fynegiad ar gyfer ei amrywiant yn nhermau θ.

Datrysiad

Oddi wrth ddiffiniad Y, gwyddom fod Y ~ B(n, p), lle mae
$$p = P(X > 0) = \int_0^1 \left(\theta x + \frac{3}{2}x^2\right)dx = \left[\frac{1}{2}\theta x^2 + \frac{1}{2}x^3\right]_0^1 = \frac{1}{2}\theta + \frac{1}{2}.$$

Amcangyfrif pwynt ar gyfer paramedr poblogaeth

Trwy hyn, mae $\quad E(Y) = np = \dfrac{n\theta}{2} + \dfrac{n}{2}$.

Mae dilyn bod $\quad \dfrac{2}{n}\left(E(Y) - \dfrac{n}{2}\right) = \theta$, neu, yn gywerth $E\left(\dfrac{2Y}{n} - 1\right) = \theta$

Felly, mae $\quad T = \dfrac{2Y}{n} - 1$ yn amcangyfrifyn diduedd ar gyfer θ.

Amrywiant T yw

$$\text{Var}(T) = \dfrac{4}{n^2}\text{Var}(Y) = \dfrac{4}{n^2} \times np(1-p) = \dfrac{4}{n}\left(\dfrac{1}{2}\theta + \dfrac{1}{2}\right)\left(-\dfrac{1}{2}\theta + \dfrac{1}{2}\right) = \dfrac{1-\theta^2}{n}.$$

Ymarfer 2.2

1. Cafodd darn arian oedd wedi'i ddifrodi ei daflu hanner cant o weithiau gan gael 30 pen ac 20 cynffon. Cyfrifwch amcangyfrif diduedd o'r tebygolrwydd o gael pen wrth daflu'r darn arian hwn unwaith. Hefyd cyfrifwch amcangyfrif o gyfeiliornad safonol eich amcangyfrifyn a gwerth mwyaf posibl y cyfeiliornad safonol hwn.

2. Cafwyd dwy eitem ddiffygiol mewn hapsampl o 100 o eitemau a fasgynhyrchwyd. Amcangyfrifwch pa gyfran o bob eitem felly fydd yn ddiffygiol. Cyfrifwch amcangyfrif o gyfeiliornad safonol eich amcangyfrifyn a darganfyddwch arffin uchaf ar gyfer gwerth y cyfeiliornad safonol hwn.

3. Mewn hapsampl o 200 o gwsmeriaid mewn archfarchnad, cafwyd bod 120 ohonynt wedi gwario dros £20. Amcangyfrifwch gyfran yr holl gwsmeriaid yn yr archfarchnad hon sy'n gwario dros £20 yno, a darganfyddwch arffin uchaf ar gyfer cyfeiliornad safonol eich amcangyfrifyn.

4. Cynhaliodd dau ddisgybl arbrofion i ddarganfod y tebygolrwydd θ y byddai math arbennig o bin bawd yn dod i aros â'i bwynt i fyny wrth iddo gael ei daflu ar arwyneb caled. Taflodd y disgybl cyntaf y pin bawd 300 o weithiau a thaflodd yr ail ddisgybl y pin bawd 200 o weithiau. Gadewch i X_1 ddynodi nifer y tafliadau gan y disgybl cyntaf lle arhosodd y pin bawd â'i bwynt i fyny, a gadewch i X_2 ddynodi nifer y tafliadau gan yr ail ddisgybl lle arhosodd y pin bawd â'i bwynt i fyny. Dangoswch fod

$\quad T_1 = (2X_1 + 3X_2)/1200 \quad$ a $\quad T_2 = (X_1 + X_2)/500$

ill dau yn amcangyfrifynnau diduedd ar gyfer θ. Penderfynwch pa un ohonynt yw'r amcangyfrifyn gorau.

5. Mae'n hysbys bod y ddau ddigwyddiad A a B, sy'n cau ei gilydd allan, yr un mor debygol o ddigwydd mewn unrhyw brawf o haparbrawf; dynodir eu tebygolrwydd cyffredin gan θ. Mae'r ddau ddull canlynol wedi'u cynnig ar gyfer amcangyfrif θ.

DULL 1. Cynnal 20 prawf annibynnol, cofnodi R, sef nifer yr achlysuron y mae A yn digwydd a chymryd $T_1 = R/20$ fel amcangyfrifyn θ.

Amcangyfrif pwynt ar gyfer paramedr poblogaeth

DULL 2. Cynnal 10 prawf annibynnol, cofnodi S, sef nifer yr achlysuron y mae naill ai A neu B yn digwydd a chymryd $T_2 = S/20$ fel amcangyfrifyn θ.

Dangoswch fod T_1 a T_2 ill dau yn amcangyfrifynnau diduedd ar gyfer θ. Darganfyddwch amrywiannau T_1 a T_2 a nodwch, gyda'ch rheswm, pa amcangyfrifyn a ddewisech chi.

6. Mae cwmni yn cynhyrchu eitemau a ddosberthir naill ai fel rhai diffygiol neu fel rhai perffaith. O dro i dro mae angen i'r cwmni gymryd hapsampl ac amcangyfrif cyfran yr eitemau diffygiol a gynhyrchir. Mae'n ofyniad statudol na ddylai'r amcangyfrifyn fod ag amrywiant mwy na 0.001. Dangoswch y gellir cyflawni hyn (beth bynnag yw cyfran yr eitemau diffygiol sy'n cael eu cynhyrchu ar y pryd) os yw maint y sampl yn 250.

7. Pan deflir darn arian, y tebygolrwydd o gael pen yw p. Er mwyn amcangyfrif y tebygolrwydd θ o gael dau ben mewn dau dafliad, fe deflir y darn arian n gwaith ($n \geq 2$). Os ceir X pen yn yr n tafliad, dangoswch fod $T = X(X-1)/n(n-1)$ yn amcangyfrifyn diduedd ar gyfer θ. Diddwythwch amcangyfrifyn diduedd ar gyfer y tebygolrwydd o gael dwy gynffon mewn dau dafliad o'r darn arian.

8. Y tebygolrwydd y bydd hapnewidyn X yn cymryd y gwerthoedd 1, 2 a 3 yw θ, 2θ, ac $1 - 3\theta$, yn ôl eu trefn, lle mae $0 < \theta < 1/3$. Er mwyn amcangyfrif θ, cymerir hapsampl o n arsylw ar X. Os ceir y gwerthoedd 1, 2, 3, X_1, X_2, X_3 gwaith, yn ôl eu trefn, dangoswch fod yr amcangyfrifynnau canlynol ar gyfer θ i gyd yn ddiduedd :

$$T_1 = \frac{X_1}{n}, \quad T_2 = \frac{X_2}{2n}, \quad T_3 = \frac{1}{3}\left(1 - \frac{X_3}{n}\right)$$

O'r tri amcangyfrifyn hyn, dangoswch mai T_3 sydd â'r cyfeiliornad safonol lleiaf ar gyfer pob gwerth posibl θ.

9. Mae proses yn cynhyrchu bagiau o siwgr, sydd i fod i gynnwys 1 kg yr un. Mae profiad yn dangos bod gan y gwir faint ym mhob bag ddosraniad normal gyda gwyriad safonol 3 g. Pan brofir bag mae'n cael ei wrthod os oes llai na 992 g ynddo. Mae angen amcangyfrif o'r tebygolrwydd θ y bydd bag a hapddewisir yn cael ei wrthod. Mewn hapsampl o 20 bag cafwyd cynnwys cymedrig o 998.5 g. Darganfyddwch amcangyfrif call o werth θ. (Ni ddylid ceisio darganfod amcangyfrif diduedd yn y cwestiwn hwn.)

2.3 Amcangyfrif pwynt ar gyfer amrywiant poblogaeth

Gadewch i $X_1, X_2, \ldots, X_n$ ddynodi hapsampl o n arsylw o hapnewidyn X sydd â chymedr anhysbys μ ac amrywiant anhysbys σ^2. Mae angen amcangyfrif ar gyfer σ^2. Gan mai $\sigma^2 = E[(X - \mu)^2]$ yw gwerth cymedrig $(X - \mu)^2$, mae hyn yn awgrymu y dylid ystyried gwerth cymedrig $(X_i - \overline{X})^2$ fel amcangyfrifyn ar gyfer σ^2; hynny yw ystyriwch

$$T = \frac{1}{n}\Sigma(X_i - \overline{X})^2 \qquad (1)$$

Amcangyfrif pwynt ar gyfer paramedr poblogaeth

gyda'r symiant o i = 1 i i = n. Er mwyn darganfod a yw T yn amcangyfrifyn diduedd ar gyfer σ^2 byddwn gyntaf yn enrhifo $E[\Sigma(X_i - \overline{X})^2]$.

Wrth ehangu, ceir $\quad \Sigma(X_i - \overline{X})^2 = \Sigma X_i^2 - 2\overline{X}\Sigma X_i + n\overline{X}^2$

$$= \Sigma X_i^2 - n\overline{X}^2, \text{ gan fod } \Sigma X_i = n\overline{X}.$$

Trwy hyn $\quad E[\Sigma(X_i - \overline{X})^2] = \Sigma E(X_i^2) - nE(\overline{X}^2)$

Gan fod gan bob X_i yr un dosraniad ag X

$$E(X_i^2) = \text{Var}(X_i) + [E(X_i)]^2 = \sigma^2 + \mu^2.$$

Hefyd, o Adran 1.3.1, gwyddom fod $E(\overline{X}) = \mu$ a bod $\text{Var}(\overline{X}) = \sigma^2/n$, ac felly

$$E(\overline{X}^2) = \text{Var}(\overline{X}) + [E(\overline{X})]^2 = \frac{\sigma^2}{n} + \mu^2.$$

Mae'n dilyn bod $\quad E[\Sigma(X_i - \overline{X})^2] = n(\sigma^2 + \mu^2) - n\left(\frac{\sigma^2}{n} + \mu^2\right) = (n-1)\sigma^2.$

O ganlyniad, ar gyfer amcangyfrifyn diduedd o σ^2 dylid defnyddio'r ystadegyn

$$\frac{1}{n-1}\Sigma(X_i - \overline{X})^2$$

ac nid T fel a roddwyd yn (1). Cyfeirir at yr ystadegyn hwn fel **amcangyfrifyn diduedd y sampl** ar gyfer σ^2 ac fe'i dynodir gan S^2. Felly, yr amcangyfrifyn diduedd ar gyfer σ^2 yw

$$S^2 = \frac{1}{n-1}\Sigma(X_i - \overline{X})^2 \qquad (2)$$

O wybod y gwerthoedd sampl $x_1, x_2, \ldots, x_n$,

$$s^2 = \frac{1}{n-1}\Sigma(x_i - \overline{x})^2 \equiv \frac{1}{n-1}[\Sigma x_i^2 - n\overline{x}^2] \qquad (3)$$

yw amcangyfrif diduedd y sampl ar gyfer σ^2.

[Noder, er bod S^2 yn amcangyfrifyn diduedd ar gyfer σ^2, nid yw'n dilyn bod S yn amcangyfrifyn diduedd ar gyfer σ. Fodd bynnag, mae'n ddoeth defnyddio S fel amcangyfrif ar gyfer σ er y bydd yr amcangyfrif a geir o ganlyniad yn dueddol.]

Enghraifft 1

Gwerthoedd hapsampl o 10 arsylw ar hapnewidyn X oedd

2.36, 2.43, 2.31, 2.41, 2.39 2.42, 2.39, 2.41, 2.37, 2.38

Cyfrifwch amcangyfrif diduedd ar gyfer amrywiant X.

Datrysiad

Gan ddynodi'r gwerthoedd a arsylwyd gyda $x_1, x_2, \ldots, x_{10}$ ceir bod

$$\overline{x} = 23.87/10 = 2.387 \text{ a bod } \Sigma x_i^2 = 56.9887.$$

Amcangyfrif pwynt ar gyfer paramedr poblogaeth

Gan ddefnyddio (3), yr amcangyfrif diduedd sydd ei angen ar gyfer amrywiant X yw

$$s^2 = \frac{1}{9}(56.9887 - 10 \times 2.387^2) = 0.001223 \text{ i 4 ffigur ystyrlon.}$$

Enghraifft 2

Mae gan hapnewidyn X y ffwythiant dwysedd tebygolrwydd f a roddir gan

$$f(x) = 2x/\theta^2, \quad \text{ar gyfer } 0 \leq x \leq \theta.$$

Gwerthoedd hapsampl o 5 arsylw o X oedd 0.6, 1.5, 0.8, 1.1 ac 1.3.
Enrhifwch Var(X) a thrwy hyn darganfyddwch amcangyfrif diduedd ar gyfer θ^2.

Datrysiad

Fel ymarfer, gwiriwch fod $E(X) = \frac{2}{3}\theta$ a bod $Var(X) = \frac{1}{18}\theta^2$.

O (3), amcangyfrif diduedd y sampl ar gyfer Var(X) yw

$$s^2 = \frac{1}{4}\{\Sigma x^2 - n\bar{x}^2\} = \frac{1}{4}\{6.15 - 5 \times (1.06)^2\} = 0.133.$$

Trwy hyn, amcangyfrif diduedd ar gyfer $\theta^2 = 18\ Var(X)$ yw

$$18s^2 = 18 \times 0.133 = 2.394$$

Ymarfer 2.3

1. Gwerthoedd hapsampl o 8 arsylw o hapnewidyn X oedd

    3.7, 3.4, 4.2, 3.9, 3.7, 3.2, 4.0, 4.3

Cyfrifwch amcangyfrifon diduedd ar gyfer cymedr ac amrywiant X.

2. Hydoedd oes gweithredol, mewn oriau, hapsampl o 5 bwlb trydan o frand arbennig oedd :

    1641, 1519, 1621, 1586, 1563.

Cyfrifwch amcangyfrif diduedd ar gyfer amrywiant hydoedd oes gweithredol bylbiau o'r fath.

3. Roedd gwerthoedd (x) hapsampl o 20 arsylw ar hapnewidyn X yn gyfryw fel bod

    $\Sigma x = 38.6$ a bod $\Sigma x^2 = 96.88$.

(a) Cyfrifwch amcangyfrifon diduedd ar gyfer cymedr ac amrywiant X.

(b) O wybod bod $X \sim U[0, \theta]$, lle mae θ yn anhysbys, diddwythwch amcangyfrifon diduedd ar gyfer (i) θ a (ii) θ^2.

4. Roedd gan hapsampl o 10 arsylw o ddosraniad Poisson werthoedd a oedd yn adio i 33 a swm eu sgwariau oedd 144. Cyfrifwch DDAU amcangyfrif diduedd ar gyfer cymedr y dosraniad Poisson.

5. Gadewch i $X_1, X_2, \ldots, X_n$ ddynodi hapsampl o n arsylw ar hapnewidyn gyda chymedr 20.

(a) Dangoswch fod yr ystadegyn
$$T_1 = \frac{1}{n}\sum_{i=1}^{n}(X_i - 20)^2$$
yn amcangyfrifyn diduedd ar gyfer Var(X).

(b) Darganfyddwch werth y cysonyn c er mwyn i'r ystadegyn
$$T_2 = c\sum_{i=1}^{n-1}(X_{i+1} - X_i)^2$$
fod yn amcangyfrifyn diduedd ar gyfer Var(X).

6. Mae angen amcangyfrifyn diduedd ar gyfer $\lambda = 4\mu + \mu^2$, lle mae μ yn dynodi cymedr dosraniad Poisson. O wybod bod $X_1, X_2, \ldots, X_n$ yn arsylwadau annibynnol o'r dosraniad Poisson, dangoswch fod yr ystadegyn
$$T = 3\overline{X} + \frac{1}{n}\sum_{i=1}^{n}X_i^2$$
yn amcangyfrifyn diduedd ar gyfer λ.

2.4 Enghreifftiau eraill ar amcangyfrif diduedd

Enghraifft 1

Defnyddir hapsampl o n arsylw o ddosraniad poblogaeth nad yw ei gymedr μ yn hysbys ac y mae'n hysbys bod ei wyriad safonol yn 1, er mwyn amcangyfrif gwerth μ^2. Dangoswch fod $\overline{X}^2$, lle mae $\overline{X}$ yn dynodi cymedr y sampl, yn amcangyfrifyn tueddol ar gyfer μ^2. Diddwythwch amcangyfrifyn diduedd ar gyfer μ^2 yn nhermau $\overline{X}$ ac n.

Datrysiad

Gwyddom fod dosraniad samplu $\overline{X}$ yn gyfryw fel bod
$$E(\overline{X}) = \mu \quad \text{a} \quad Var(\overline{X}) = \frac{\sigma^2}{n} = \frac{1}{n}$$

Nawr mae $\quad E(\overline{X}^2) = Var(\overline{X}) + [E(\overline{X})]^2 = \frac{1}{n} + \mu^2$

sy'n dangos bod $\overline{X}^2$ yn amcangyfrifyn tueddol ar gyfer μ^2. O ad-drefnu'r canlyniad hwn, ceir bod

$$E(\overline{X}^2) - \frac{1}{n} = \mu^2, \quad \text{neu} \quad E\left(\overline{X}^2 - \frac{1}{n}\right) = \mu^2,$$

ac mae'n dilyn felly fod
$$T = \overline{X}^2 - \frac{1}{n} \quad \text{yn amcangyfrifyn diduedd ar gyfer } \mu^2.$$

Amcangyfrif pwynt ar gyfer paramedr poblogaeth

[Gan fod $\overline{X}$ yn amcangyfrifyn diduedd ar gyfer μ byddai synnwyr cyffredin wedi awgrymu y dylai $\overline{X}^2$ fod yn amcangyfrifyn diduedd ar gyfer μ^2 ond nid yw hyn yn wir. Fodd bynnag, sylwer bod y duedd wirioneddol yn fach pan fo n yn fawr.]

Enghraifft 2

Mae offeryn ar gyfer mesur hyd llinell yn cofnodi gwerthoedd ar gyfer llinell o hyd a cm sydd yr un mor debyg o fod yn unrhyw werth yn y cyfwng $(a - c, a + c)$, lle mae c ($< a$) yn gysonyn positif hysbys. Defnyddir yr offeryn i gael dau arsylw annibynnol, X_1 ac X_2, ar gyfer hyd a, sef ochr sgwâr. Mae'r ddau ddull canlynol wedi cael eu cynnig ar gyfer amcangyfrif arwynebedd $A = a^2$ y sgwâr.

Dull 1. Amcangyfrif A trwy ddefnyddio $T_1 = X_1 X_2$.

Dull 2. Amcangyfrif A trwy ddefnyddio $T_2 = \frac{1}{4}(X_1 + X_2)^2$.

Dangoswch mai Dull 1 yw'r unig un a fydd yn rhoi amcangyfrif diduedd ar gyfer A, a darganfyddwch gyfeiliornad safonol yr amcangyfrifyn hwn yn nhermau a ac c.

Datrysiad

Gan fod X_1 ac X_2 yn annibynnol, trwy ddefnyddio priodweddau tebygolrwydd ceir bod
$$E(T_1) = E(X_1)E(X_2)$$
a bod
$$E(T_2) = \frac{1}{4}\{E(X_1^2) + 2E(X_1)E(X_2) + E(X_2^2)\}$$

Gadewch i X cm ddynodi'r hyd a gofnodwyd ar gyfer llinell gyda gwir hyd a cm. Oddi wrth yr wybodaeth a roddir, $X \sim U(a - c, a + c)$ ac mae gan X_1 ac X_2 ill dau y dosraniad hwn. Trwy hyn, mae

$$E(X_1) = E(X_2) = E(X) = \frac{1}{2}[(a + c) + (a - c)] = a,$$

$$E(X_1^2) = E(X_2^2) = E(X^2) = \text{Var}(X) + [E(X)]^2$$
$$= \frac{1}{12}[(a + c) - (a - c)]^2 + a^2 = \frac{1}{3}(c^2 + 3a^2).$$

Trwy ddefnyddio'r canlyniadau hyn, ceir bod
$$E(T_1) = a \times a = a^2,$$
a thrwy hyn diddwythwn y bydd Dull 1 yn rhoi amcangyfrif diduedd ar gyfer arwynebedd y sgwâr. Hefyd mae

$$E(T_2) = \frac{1}{4}\left\{\frac{1}{3}(c^2 + 3a^2) + 2 \times a \times a + \frac{1}{3}(c^2 + 3a^2)\right\} = a^2 + \frac{1}{6}c^2,$$

ac mae'n dilyn trwy hyn na fydd Dull 2 yn rhoi amcangyfrif diduedd ar gyfer arwynebedd y sgwâr.

Er mwyn darganfod cyfeiliornad safonol T_1 byddwn yn darganfod $\text{Var}(T_1)$ yn gyntaf. Ceir bod
$$\text{Var}(T_1) = E(T_1^2) - [E(T_1)]^2 = E(T_1^2) - a^4.$$
$$= E(X_1^2)E(X_2^2) - a^4 = \frac{1}{9}(c^2 + 3a^2)^2 - a^4 = \frac{1}{9}c^2(c^2 + 6a^2).$$

Trwy hyn, cyfeiliornad safonol T_1 yw
$$SE(T_1) = \frac{1}{3}c\sqrt{\left(c^2 + 6a^2\right)}.$$

Ymarfer 2.4

1. Mae gan hapnewidyn X y ffwythiant dwysedd tebygolrwydd f a roddir gan
$$f(x) = \frac{1}{2}(1 + \theta x), \qquad \text{ar gyfer} -1 < x < 1,$$
lle mae θ yn gysonyn sy'n bodloni $-1 < \theta < 1$.

(a) Gadewch i R ddynodi nifer y gwerthoedd positif mewn hapsampl o n arsylw ar X. Dangoswch fod $T_1 = \dfrac{4R}{n} - 2$ yn amcangyfrifyn diduedd ar gyfer θ a darganfyddwch ei amrywiant.

(b) Gadewch i $\overline{X}$ ddynodi cymedr hapsampl o n arsylw ar X. Dangoswch fod $T_2 = 3\overline{X}$ hefyd yn amcangyfrifyn diduedd ar gyfer θ a darganfyddwch ei amrywiant.

(c) Nodwch, gyda'ch rheswm, pa un o'r ddau amcangyfrifyn yw'r gorau.

2. Gall hapnewidyn X gymryd y gwerthoedd 1, 2 a 3 yn unig, a'u tebygolrwyddau yw θ, θ ac $1 - 2\theta$, yn ôl eu trefn, lle mae $0 < \theta < \frac{1}{2}$. Mewn hapsampl o n arsylw o X, gadewch i $\overline{X}$ ddynodi cymedr y sampl a gadewch i R ddynodi nifer y gwerthoedd 3 a geir. Dangoswch fod $T_1 = 1 - \dfrac{\overline{X}}{3}$ a $T_2 = \dfrac{1}{2}\left(1 - \dfrac{R}{n}\right)$ ill dau yn amcangyfrifynnau diduedd i θ. Darganfyddwch pa un o'r ddau amcangyfrifyn sydd â'r cyfeiliornad safonol lleiaf.

3. Gall hapnewidyn X gymryd y gwerthoedd 0, 1 a 2, a dim gwerthoedd eraill, a'u tebygolrwyddau yw $\frac{1}{2}\theta$, $1 - \theta$ a $\frac{1}{2}\theta$, yn ôl eu trefn. Gadewch i X_1 ac X_2 ddynodi dau o werthoedd X a arsylwir ar hap. Rhestrwch y gwerthoedd posibl ar gyfer $\{X_1, X_2\}$ a all ddigwydd a chyfrifwch ddebygolrwydd pob digwyddiad posibl. Trwy gyfrifo gwerth $(X_1 - X_2)^2$ ar gyfer pob $\{X_1, X_2\}$ posibl, darganfyddwch ddosraniad samplu $(X_1 - X_2)^2$. Trwy hyn dangoswch fod $T_1 = (X_1 - X_2)^2/2$ yn amcangyfrifyn diduedd ar gyfer θ a mynegwch ei amrywiant yn nhermau θ.

Gan fod $\theta = P(X \neq 1)$, amcangyfrifyn arall posibl ar gyfer θ yw cyfran y gwerthoedd a arsylwir nad ydynt yn hafal i 1; rhoddir yr amcangyfrifyn hwn gan $T_2 = \dfrac{N}{2}$, lle mae N yn dynodi nifer y ddau arsylw nad ydynt yn hafal i 1. Dangoswch fod T_2 yn amcangyfrifyn diduedd ar gyfer θ. Penderfynwch ai T_1 ynteu T_2 yw'r amcangyfrifyn gorau ar gyfer θ.

4. Mae gan nifer y galwadau ffôn, X, a dderbynnir mewn swyddfa mewn cyfnod o t munud y dosraniad Poisson gyda chymedr $t\theta$, lle mae $\theta > 0$ yn anhysbys.

(a) Ysgrifennwch fynegiad, yn nhermau t a θ, ar gyfer E(X).

(b) Gadewch i X_1 ac X_2 ddynodi nifer y galwadau a dderbynnir gan y swyddfa mewn dau gyfwng annibynnol o amser yn para t_1 a t_2 munud, lle mae $t_1 \neq t_2$.

Dangoswch fod $T = (X_1 - X_2)/(t_1 - t_2)$ yn amcangyfrifyn diduedd ar gyfer θ. Trwy ystyried gwerthoedd posibl y gall T eu cymryd, eglurwch pam y gall T roi amcangyfrif anfoddhaol ar gyfer θ.

5. Gall hapnewidyn X gymryd y gwerthoedd 2, 3 a 4 gyda thebygolrwyddau 0.2, 0.4 a 0.4 yn ôl eu trefn. Darganfyddwch ddosraniad samplu $\overline{X}$, cymedr hapsampl o ddau arsylw ar X. Trwy hyn, darganfyddwch

(a) a yw $\overline{X}$ yn amcangyfrifyn diduedd ar gyfer $\mu = E(X)$ ai peidio,

(b) a yw $1/\overline{X}$ yn amcangyfrifyn diduedd ar gyfer $1/\mu$ ai peidio.

6. Gadewch i $X_1, X_2, \ldots, X_n$ ddynodi hapsampl o n arsylw o ddosraniad Poisson sydd â chymedr μ. Dangoswch fod $T = \dfrac{1}{n}\sum_{i=1}^{n} X_i^2 - \dfrac{1}{n}\sum_{i=1}^{n} X_i$ yn amcangyfrifyn diduedd i μ^2.

7. Mae gan hapnewidyn X y ffwythiant dwysedd tebygolrwydd f a roddir gan

$$f(x) = \alpha(\alpha+1)x^{\alpha-1}(1-x), \qquad \text{ar gyfer } 0 \leq x \leq 1.$$

Os yw $X_1, X_2, \ldots, X_n$ yn hapsampl o n arsylw o X, dangoswch fod

$$T = \frac{1}{n}\sum_{i=1}^{n} \frac{X_i}{1-X_i}$$

yn amcangyfrifyn diduedd ar gyfer α.

Amrywiol Gwestiynau ar Bennod 2

1. (1988) Mae hapnewidynnau X ac Y yn annibynnol. Cymedr X yw μ a'i amrywiant yw σ^2. Cymedr Y yw μ a'i amrywiant yw σ^2/k, lle mae k yn gysonyn positif. Gadewch i $\overline{X}$ ddynodi cymedr hapsampl of 10 arsylw ar X, a gadewch i $\overline{Y}$ ddynodi cymedr hapsampl o 15 arsylw ar Y. Dangoswch fod

$$T_1 = \frac{(2\overline{X}+3k\overline{Y})}{2+3k} \quad \text{a} \quad T_2 = \frac{2\overline{X}+3\overline{Y}}{5}$$

ill dau yn amcangyfrifynnau diduedd ar gyfer μ. (3)

Darganfyddwch fynegiadau ar gyfer amrywiannau T_1 a T_2 a dangoswch fod amrywiant T_1 yn llai nag amrywiant T_2 neu yn hafal iddo. (6)

Darganfyddwch yn nhermau k, y gwerth a lle mae gan

$$T = a\overline{X} + (1-a)\overline{Y}$$

yr amrywiant lleiaf posibl. (6)

2. (1989) Gadewch i X ddynodi nifer y llwyddiannau mewn n prawf annibynnol lle mae'r tebygolrwydd o lwyddiant yn p ym mhob un ohonynt. Os yw $n \geq 2$ a $0 < p < 1$ dangoswch mai dim ond un o'r ddau ystadegyn

$$T_1 = \left(\frac{X}{n}\right)^2 \quad \text{a} \quad T_2 = \frac{X(X-1)}{n(n-1)}$$

sy'n amcangyfrifyn diduedd ar gyfer p^2. (5)

3. (1990) Dosrennir yr hapnewidyn di-dor X gyda ffwythiant dwysedd tebygolrwydd f a roddir gan

$$f(x) = \frac{1}{2}x^2 + \frac{1}{3}\theta x + \frac{1}{3}, \quad \text{ar gyfer } -1 < x < 1$$

$$f(x) = 0, \quad \text{fel arall,}$$

lle mae $0 \leq \theta \leq 2$.

(a) Dangoswch fod $E(X) = 2\theta/9$. (2)

(b) Mynegwch $P(X > 0)$ yn nhermau θ. (2)

(c) Ar gyfer hapsampl ar n arsylw o X, gadewch i $\overline{X}$ ddynodi cymedr y sampl a gadewch i Y ddynodi nifer yr arsylwadau sy'n bositif. Dangoswch fod

$$T_1 = \frac{9}{2}\overline{X} \quad \text{a} \quad T_2 = \frac{6}{n}Y - 3$$

ill dau yn amcangyfrifynnau diduedd ar gyfer θ. (5)

(d) Penderfynwch ai T_1 neu T_2 yw'r amcangyfrifyn gorau ar gyfer θ. (6)

4. (1991) Yn y triongl ABC, mae ongl ACB = 90°, ongl BAC = α°, ac ongl ABC = β° = $(90 - \alpha)$°. Mesurir α a β yn annibynnol. Gadewch i X ddynodi gwerth mesuredig α a gadewch i Y ddynodi gwerth mesuredig β. Mae'n hysbys bod gan X ac Y ddosraniad normal gyda gwyriad safonol σ a chymedrau α a β, yn ôl eu trefn.

(a) Cyfrifwch, yn gywir i ddau le degol, y tebygolrwydd y bydd gan X + Y werth y mae'r gwahaniaeth rhyngddo a 90 yn llai na σ. (3)

(b) Dangoswch fod $T_1 = X + \frac{1}{2}(90 - X - Y)$ yn amcangyfrifyn diduedd ar gyfer α.

Gwiriwch fod T_1 yn well nag X fel amcangyfrifyn ar gyfer α. (5)

(c) Cyfrifwch, yn gywir i dri lle degol, y tebygolrwydd y bydd $|T_1 - \alpha|$ yn llai na σ. (3)

(d) Gadewch i $T_2 = Y + \frac{1}{2}(90 - X - Y)$. Dangoswch fod

$$\text{Var}(T_1 - T_2) = 2[\text{Var}(T_1) + \text{Var}(T_2)]$$ (4)

Amcangyfrif pwynt ar gyfer paramedr poblogaeth

5. (1991) Mae ffeil cyfrifiadur yn dal nifer mawr iawn o gwestiynau GWIR/ANWIR. Mewn hapsampl o 75 o'r cwestiynau cafwyd bod 60 yn gwestiynau a oedd â GWIR yn ateb cywir.

(a) Cyfrifwch amcangyfrif diduedd ar gyfer y gyfran o'r holl gwestiynau a oedd â GWIR yn ateb cywir.

(b) Cyfrifwch amcangyfrif o gyfeiliornad safonol eich amcangyfrif yn (a).

(c) Cyfrifwch amcangyfrifyn diduedd ar gyfer y gwahaniaeth rhwng y gyfran o'r holl gwestiynau sydd â GWIR yn ateb cywir iddynt a'r gyfran sydd ag ANWIR yn ateb cywir.

(d) Cyfrifwch amcangyfrif o gyfeiliornad safonol eich amcangyfrif yn (c). (6)

6. (1992) Mae gan hapnewidyn di-dor X y ffwythiant dwysedd tebygolrwydd f, lle mae

$$f(x) = \frac{4x^3}{\alpha^4}, \qquad \text{ar gyfer } 0 \leq x \leq \alpha,$$

$$f(x) = 0, \qquad \text{fel arall.}$$

Os $\overline{X}$ yw cymedr hapsampl o 24 arsylw o X, dangoswch fod $T = 5\overline{X}/4$ yn amcangyfrifyn diduedd ar gyfer α. Mynegwch gyfeiliornad safonol T yn nhermau α. (6)

7. (1993) Mae gan hyd mesuredig, X mm, llinell gyda hyd cywir μ mm ddosraniad normal gyda chymedr μ a gwyriad safonol 0.5. Gadewch i X_1 mm ac X_2 mm ddynodi hydoedd mesuredig dwy ochr gyfagos petryal â dimensiynau cywir 12 mm wrth 8 mm. Gellir tybio bod X_1 ac X_2 yn annibynnol. Dangoswch fod X_1X_2 yn amcangyfrifyn diduedd ar gyfer arwynebedd y petryal ac enrhifwch ei gyfeiliornad safonol yn gywir i dri lle degol. (6)

8. (1994) (a) Mae blwch yn cynnwys 5 cerdyn wedi'u rhifo yn 1, 2, 3, 4, a 5. Dewisir hapsampl o dri cherdyn heb eu rhoi yn ôl. Ysgrifennwch, mewn tabl, y 10 sampl posibl o'r tri rhif a ddewisir. Cyfrifwch gymedr $\overline{X}$ a chanolrif M ar gyfer pob sampl. Trwy hyn darganfyddwch ddosraniadau samplu $\overline{X}$ ac M. (5)

(i) Gwiriwch fod $\overline{X}$ ac M ill dau yn amcangyfrifynnau diduedd ar gyfer cymedr μ y 5 rhif yn y blwch. (3)

(ii) Cyfrifwch amrywiannau $\overline{X}$ ac M. Nodwch, gyda rheswm, ai $\overline{X}$ ynteu M, yn eich tyb chi, yw'r amcangyfrifyn gorau ar gyfer μ. (3)

(b) Mae blwch arall yn cynnwys n cerdyn wedi'u rhifo 1, 2, 3, . . ., n. Dewisir tri cherdyn ar hap heb eu rhoi yn ôl ac mae $\overline{X}$ yn dynodi cymedr y tri rhif sydd arnynt. A bwrw bod $\overline{X}$ yn amcangyfrifyn diduedd ar gyfer cymedr yr n rhif yn y blwch, dangoswch fod $2\overline{X} - 1$ yn amcangyfrifyn diduedd ar gyfer n. (2)

Mewn achos arbennig, darganfuwyd mai 1, 2, 6 oedd y rhifau ar y tri cherdyn. Defnyddiwch y canlyniad uchod i amcangyfrif n a rhowch sylwadau ar eich canlyniad. (2)

9. (1995) Mae gan hapnewidyn X y ffwythiant dwysedd tebygolrwydd
$$f(x) = \frac{1}{2} + \lambda x, \quad \text{ar gyfer} -1 \leq x \leq 1,$$
$$f(x) = 0, \quad \text{fel arall,}$$
lle mae λ yn gysonyn anhysbys rhwng $-\frac{1}{2}$ a $\frac{1}{2}$.

(a) Darganfyddwch E(X) yn nhermau λ a dangoswch fod Var(X) = $(3 - 4\lambda^2)/9$. (4)

(b) Darganfyddwch P(X > 0) yn nhermau λ. (2)

Er mwyn amcangyfrif λ, gwneir n arsylw annibynnol ar X. Mae Y yn dynodi nifer yr arsylwadau positif a geir ac mae $\overline{X}$ yn dynodi cymedr y sampl.

(c) Enwch ddosraniad Y a dangoswch fod $T_1 = \dfrac{2Y}{n} - 1$ yn amcangyfrifyn diduedd ar gyfer λ. (3)

(d) O wybod bod $T_2 = k\overline{X}$ yn amcangyfrifyn diduedd arall ar gyfer λ, darganfyddwch werth k. (2)

(e) Ysgrifennwch fynegiad ar gyfer Var(T_2) yn nhermau λ ac n a dangoswch fod Var(T_1) = $(1 - \lambda^2)/n$. Trwy hyn penderfynwch, gan roi rheswm, pa un yw'r amcangyfrifyn gorau. (4)

10. (A3: 1996) Mae hapnewidyn arwahanol X yn cymryd y gwerthoedd 1, 2, 3 gyda thebygolrwyddau θ, 2θ, $1 - 3\theta$ yn ôl eu trefn.

(a) Nodwch yr amrediad mwyaf posibl ar gyfer y cysonyn θ.

(b) Darganfyddwch E(X) yn nhermau θ a dangoswch fod Var(X) = $6\theta - 16\theta^2$ (4)

(c) Er mwyn amcangyfrif θ, cymerir hapsampl $X_1, X_2, \ldots, X_n$ o n arsylw ar X ac mae $\overline{X}$ yn dynodi cymedr y sampl.

(i) Darganfyddwch y gwerthoedd rhifiadol a a b lle mae
$$\hat{\theta}_1 = a + b\overline{X}$$
yn amcangyfrifyn diduedd ar gyfer θ. Dangoswch fod amrywiant yr amcangyfrifyn diduedd hwn yn $\dfrac{1}{n}\left(\dfrac{3}{8}\theta - \theta^2\right)$ (5)

(ii) O wybod bod N yn dynodi nifer yr arsylwadau sy'n hafal i 1, a bod
$$\hat{\theta}_2 = cN$$
yn amcangyfrifyn diduedd arall ar gyfer θ, darganfyddwch c yn nhermau n. Darganfyddwch amrywiant $\hat{\theta}_2$ yn nhermau n a θ. (3)

(iii) Penderfynwch ai $\hat{\theta}_1$ ynteu $\hat{\theta}_2$ yw'r amcangyfrifyn gorau ar gyfer θ. (2)

11. (A3 1997) Mae ffatri'n cynhyrchu nifer fawr o sgriwiau ac mae cyfran anhysbys ohonynt yn ddiffygiol, sef p. Er mwyn amcangyfrif p, cymerir hapsamplau o 50 a 100

Amcangyfrif pwynt ar gyfer paramedr poblogaeth

sgriw o'r llinell gynhyrchu ar wahanol adegau yn ystod pob shifft. Defnyddir X ac Y, yn y drefn honno, i ddynodi nifer y sgriwiau diffygiol a geir yn y samplau hyn.

Ystyrir dau amcangyfrifyn posibl ar gyfer p

$$T_1 = \frac{1}{2}\left(\frac{X}{50} + \frac{Y}{100}\right) \text{ a } T_2 = \frac{X+Y}{150}.$$

(a) Dangoswch fod T_1 a T_2 yn amcangyfrifynnau diduedd ar gyfer p. (4)

(b) Cyfrifwch amrywiannau T_1 a T_2 yn nhermau p.
Trwy hynny, nodwch, gyda rheswm, pa un yw'r amcangyfrifyn gorau. (6)

(c) Rhowch **un** rheswm pam y dylai'r swyddog rheoli ansawdd edrych ar werthoedd $\frac{X}{50}$ ac $\frac{Y}{150}$. (1)

12. (A3 1998) Ym mhob treial mewn haparbrawf, mae'r tebygolrwydd o lwyddiant yn gysonyn p. Mewn n treial annibynnol o'r arbrawf, gadewch i X ddynodi nifer y llwyddiannau a geir. Dangoswch fod $\frac{X(X-1)}{n(n-1)}$ yn amcangyfrifyn diduedd i p^2. (4)

13. (S2 1999) Mae swyddfa'n defnyddio peli o linyn i glymu parseli. Pan gredir fod y llinyn sy'n weddill ar bêl yn rhy fyr i'w ddefnyddio eto, caiff ei daflu i'r bin. Mae gan hyd y llinyn, X cm, ar bêl a deflir i'r bin ddosraniad unffurf dros y cyfwng $(0,\theta)$ lle mae θ yn anhysbys.

(a) Ysgrifennwch gymedr ac amrywiant X yn nhermau θ. (1)

(b) Mesurwyd hyd y llinyn, x cm, oedd yn weddill ar bob pêl o hapsampl o 9 pêl a daflwyd i'r bin. Cyfrifwyd y canlyniadau canlynol o'r hydoedd a fesurwyd:
$$\sum x = 108.9, \quad \sum x^2 = 1717.69.$$
Cyfrifwch amcangyfrif diduedd ar gyfer (i) θ, (ii) θ^2. (5)

14. (A3 1999) Defnyddir dau offeryn i fesur crynodiad hydoddiant penodol, sef μ. Mae offeryn 1 yn cyfrifo bod y darlleniad, X, a geir yn hapnewidyn wedi'i ddosrannu'n normal gyda chymedr μ ac amrywiant σ_x^2. Mae offeryn 2 yn cyfrifo bod y darlleniad, Y, a geir yn hapnewidyn wedi'i ddosrannu'n normal gyda chymedr μ ac amrywiant σ_y^2. Rhaid amcangyfrif μ gan ddefnyddio'r ystadegyn $T = \lambda X + (1 - \lambda)Y$, lle mae λ yn gysonyn.

(a) Dangoswch fod T yn amcangyfrifyn diduedd o μ ar gyfer holl werthoedd λ. (2)

(b) Darganfyddwch fynegiad ar gyfer amrywiant T yn nhermau λ, σ_x a σ_y. Trwy hynny, dangoswch mai $\lambda = \sigma_y^2/(\sigma_x^2 + \sigma_y^2)$ yw gwerth λ sy'n gwneud amrywiant T cyn lleied â phosibl. (4)

Pennod 3

Amcangyfrif cyfwng ar gyfer paramedr

Cyflwyniad

Ym Mhennod 2, amcangyfrifwyd paramedr poblogaeth anhysbys gan ddefnyddio gwerth unigol (amcangyfrif pwynt) a gyfrifwyd o hapsampl o arsylwadau. Gydag amcangyfrifyn diduedd, dangoswyd bod ei gyfeiliornad safonol yn briodol fel mesur o'i ddibynadwyaeth oherwydd po leiaf y cyfeiliornad safonol mwyaf tebygol yw y bydd yr amcangyfrifyn yn rhoi amcangyfrif sy'n agos at wir werth y paramedr. Fodd bynnag, nid yw gwybod cyfeiliornad safonol amcangyfrifyn ynddo'i hun yn rhoi gwybodaeth uniongyrchol am ba mor agos yw'r amcangyfrif at wir werth y paramedr. Arweiniodd y diffyg hwn at ddatblygu amcangyfrif cyfwng ar gyfer paramedr, lle mae'r cyfwng yn amrediad o werthoedd sydd, â gradd fesuradwy o hyder, yn cynnwys gwir werth y paramedr.

Gadewch i $X_1, X_2, \ldots, X_n$ ddynodi hapsampl o n arsylw ar hapnewidyn y mae ei ddosraniad yn cynnwys paramedr θ nad yw ei werth yn hysbys. Tybir yma y gellir darganfod ystadegyn $T \equiv T(X_1, X_2, \ldots, X_n)$ sy'n amcangyfrifyn diduedd ar gyfer θ ac y mae ei ddosraniad samplu yn normal neu bron yn normal.

3.1 Amcangyfrif cyfwng ar gyfer cymedr dosraniad normal sydd ag amrywiant hysbys

Gadewch i $\overline{X}$ ddynodi cymedr hapsampl o n arsylw ar hapnewidyn sydd â dosraniad normal gyda chymedr μ (anhysbys) ac amrywiant σ^2 (hysbys). Gwyddom fod dosraniad samplu $\overline{X}$ yn normal gyda chymedr μ a chyfeiliornad safonol $\sigma/\sqrt{n}$.

Trwy hyn, mae
$$Z = \frac{\overline{X} - \mu}{SE(\overline{X})} \sim N(0, 1). \qquad (1)$$

Trwy gyfeirio at Dabl 4 (RND neu M&B) gwelir, er enghraifft, bod
$$P(Z \geq 1.96) = P(Z \leq -1.96) = 0.025.$$

Trwy gyfuno'r canlyniadau hyn (gweler Ffigur 3.1) ceir bod
$$P(-1.96 \leq Z \leq 1.96) = 0.95. \qquad (2)$$

Amcangyfrif cyfwng ar gyfer paramedr

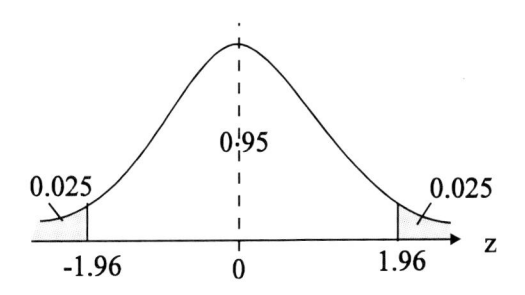

Ffigur 3.1

Yn benodol, ar gyfer Z a ddiffinnir gan (1)

$$P\left(-1.96 \leq \frac{\overline{X} - \mu}{SE(\overline{X})} \leq 1.96\right) = 0.95,$$

neu, yn gywerth, wrth ad-drefnu'r anhafaleddau,

$$P[\overline{X} - 1.96\ SE(\overline{X}) \leq \mu \leq \overline{X} + 1.96\ SE(\overline{X})] = 0.95. \qquad (3)$$

O ddarllen (3), gellir tybio ei fod yn osodiad am debygolrwydd μ, ond ni all hynny fod gan mai cysonyn yw μ yn hytrach na hapnewidyn. Y ffordd gywir i ddehongli (3) yw ei fod yn osodiad am debygolrwydd yr **hapgyfwng** $[\overline{X} - 1.96\ SE(\overline{X}),\ \overline{X} + 1.96\ SE(\overline{X})]$ sy'n golygu bod y tebygolrwydd bod y cyfwng hwn yn cynnwys gwir werth μ yn 0.95. Mae hyn yn golygu y bydd 95% o bob hapsampl posibl o faint n yn rhoi gwerth $\bar{x}$ ar gyfer $\overline{X}$ lle mae'r cyfwng $[\bar{x} - 1.96\ SE(\overline{X}),\ \bar{x} + 1.96\ SE(\overline{X})]$ yn cynnwys gwir werth μ. Felly ni fydd 5% o bob cyfwng o'r fath yn cynnwys gwir werth μ. O wybod $\bar{x}$, gelwir y cyfwng

$$[\bar{x} - 1.96\ SE(\overline{X}),\ \bar{x} + 1.96\ SE(\overline{X})] \qquad (4)$$

yn **gyfwng hyder** 95% ar gyfer μ, a gelwir pwyntiau terfyn y cyfwng yn **ffiniau hyder** 95% ar gyfer μ. Mae'r dull a ddefnyddiwyd i ddeillio cyfwng (4) yn ein galluogi i fod 95% yn hyderus bod y sampl a gafwyd yn un o'r rhai lle mae (4) yn cynnwys gwir werth μ.

Gellir cael cyfwng hyder ar gyfer unrhyw lefel hyder a nodir (sef 95% uchod) yn yr un modd. Gellir dewis y lefel hyder i'w defnyddio mewn unrhyw sefyllfa, gan ddibynnu ar oblygiadau unrhyw benderfyniad anghywir a wneir trwy gymryd bod μ o fewn y cyfwng pan nad yw, mewn gwirionedd, o fewn y cyfwng. Po fwyaf difrifol yw'r goblygiadau, uchaf yn y byd y dylai'r lefel hyder a ddewisir fod.

Er mwyn cyffredinoli'r canlyniadau uchod, gadewch i z_α fod y gwerth lle mae $P(Z \geq z_\alpha) = \alpha$, ar gyfer rhyw werth α a nodir rhwng 0 a 0.5. Yna (Gweler Ffigur 3.2)

$$P(-z_\alpha \leq Z \leq z_\alpha) = 1 - 2\alpha.$$

Amcangyfrif cyfwng ar gyfer paramedr

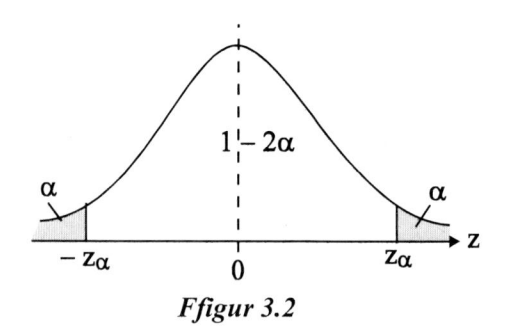

Ffigur 3.2

Trwy roi $(\overline{X} - \mu)/SE(\overline{X})$ yn lle Z ac ad-drefnu'r anhafaleddau, ceir
$$P[\overline{X} - z_\alpha SE(\overline{X}) \leq \mu \leq \overline{X} + z_\alpha SE(\overline{X})] = 1 - 2\alpha.$$
Mae'n dilyn bod y ffiniau hyder $100(1 - 2\alpha)\%$ ar gyfer μ yn
$$\overline{x} \pm z_\alpha SE(\overline{X}), \tag{5}$$
lle mae $\overline{x}$ yn dynodi cymedr y sampl dan sylw ac $SE(\overline{X}) = \sigma/\sqrt{n}$.

Er enghraifft, er mwyn darganfod ffiniau hyder 90% ar gyfer μ mae arnom angen gwerth α fel bod $1 - 2\alpha = 0.9$; hynny yw $\alpha = 0.05$. Trwy gyfeirio at Dabl 4 (RND neu M&B) ceir $z_{0.05} = 1.645$ yn gywir i dri lle degol. Trwy hyn, rhoddir ffiniau hyder 90% ar gyfer μ gan
$$\overline{x} \pm 1.645\, SE(\overline{X}) \tag{6}$$
Mae'n amlwg mai po leiaf y cyfwng hyder mwyaf sicr yw gwerth μ. O (5), lled y cyfwng hyder $100(1 - 2\alpha)\%$ yw $2 \times z_\alpha \times SE(\overline{X})$. Er mwyn cael cyfwng culach dylid lleihau naill ai z_α neu $SE(\overline{X})$ neu'r ddau. Mae lleihau z_α yn golygu cynyddu α ac, felly, lleihau $1 - 2\alpha$, sy'n golygu lleihau'r lefel hyder. Gan fod $SE(\overline{X}) = \sigma/\sqrt{n}$, gellir ei leihau trwy gynyddu maint y sampl n, sy'n golygu mai gorau po fwyaf yw maint y sampl, yn yr ystyr bod cynyddu maint y sampl yn lleihau lled y cyfwng hyder ar gyfer unrhyw α.

Enghraifft 1

Mae gwrthrych yn cael ei bwyso dro ar ôl tro ar glorian gemegol sy'n rhoi darlleniadau sydd â dosraniad normal gyda chymedr sy'n hafal i wir bwysau'r gwrthrych a gwyriad safonol 0.5 mg.

(a) O wybod bod gwrthrych wedi ei bwyso 10 gwaith yn annibynnol yn rhoi darlleniad cymedrig o 12.3 mg, cyfrifwch ffiniau hyder 95% ar gyfer gwir bwysau'r gwrthrych.

(b) Darganfyddwch y nifer lleiaf o weithiau y mae angen pwyso gwrthrych er mwyn i led y cyfwng hyder 95% ar gyfer gwir bwysau'r gwrthrych fod yn llai na 0.5 mg.

Datrysiad

(a) Gadewch i wir bwysau'r gwrthrych fod yn μ mg. Yna, bydd gan gymedr $\overline{X}$ mg y sampl o 10 darlleniad o bwysau'r gwrthrych ddosraniad normal gyda chymedr μ a chyfeiliornad safonol $SE(\overline{X}) = 0.5/\sqrt{10}$. O (4), gydag $\overline{x} = 12.3$, y ffiniau hyder 95% ar gyfer µ yw

$$12.3 \pm 1.96 \times \frac{0.5}{\sqrt{10}} = 12.3 \pm 0.31 = 11.99 \text{ i } 12.61.$$

(b) O (4) gwelir mai lled y cyfwng hyder 95% yw

$$2 \times 1.96 \times SE(\overline{X}) = 3.92 \times 0.5/\sqrt{n} = 1.96/\sqrt{n}.$$

Er mwyn i'r cyfwng hwn fod yn llai na 0.5 rhaid bod

$$\frac{1.96}{\sqrt{n}} < 0.5, \text{ neu } n > \left(\frac{1.96}{0.5}\right)^2 = 15.37.$$

Felly, mae angen pwyso'r gwrthrych o leiaf 16 o weithiau.

Ymarfer 3.1

1. Mewn hapsampl o 16 arsylw o'r dosraniad $N(\mu, 9)$, swm y gwerthoedd a gafwyd oedd 44. Cyfrifwch gyfwng hyder 95% ar gyfer µ.

2. Roedd gan hapsampl o 25 gweithiwr bwysau cymedrig o 75.8 kg. A bwrw bod gan bwysau'r gweithwyr ddosraniad normal gyda gwyriad safonol 9 kg, darganfyddwch ffiniau hyder 99% ar gyfer pwysau cymedrig y gweithwyr.

3. O'r canlyniadau a gafwyd mewn hapsampl o n arsylw o ddosraniad normal gyda gwyriad safonol 2, dywedodd ymchwilydd mai (0.73, 1.71) oedd y cyfwng hyder 95% ar gyfer cymedr y dosraniad. Diddwythwch werth n a chymedr yr arsylwadau yn y sampl.

4. Trwch cymedrig hapsampl o 100 wasier a fasgynhyrchwyd oedd 3.036 mm. A bwrw bod gan drwch wasieri o'r fath ddosraniad normal gyda gwyriad safonol 0.2 mm, cyfrifwch ffiniau hyder 95% ar gyfer trwch cymedrig wasieri o'r fath. A yw eich ffiniau yn cadarnhau honiad y gwneuthurwr fod trwch cymedrig y wasieri yn 3 mm?

5. Mae'n hysbys bod gan ganlyniad X arbrawf biolegol arbennig ddosraniad normal gyda gwyriad safonol 5. Mae ar fiolegydd eisiau amcangyfrif cymedr y dosraniad gyda chyfwng hyder 95% â lled sy'n llai na 3. Cyfrifwch nifer lleiaf yr arbrofion y dylai'r biolegydd eu cynnal.

6. Mae gan fasau eitemau a gynhyrchir mewn ffatri ddosraniad normal. Gellir newid y màs cymedrig µ ond mae'n hysbys bod y gwyriad safonol yn 0.05 kg ar gyfer pob gwerth µ. Mae màs cymedrig swp mawr o eitemau i fod yn union 3.5 kg. Hapddewiswyd ugain o eitemau o'r swp. Darganfyddwch gyfwng hyder 99% ym mhob achos pan oedd màs cymedrig y sampl dan sylw yn (a) 3.45 kg, (b) 3.48 kg. Ar gyfer pob un o'r cyfyngau a gewch, nodwch a yw'n gyson â'r honiad mai màs cymedrig eitemau'r swp yw 3.5 kg.

Amcangyfrif cyfwng ar gyfer paramedr

7. Cafwyd yr hapsampl
   2.982, 1.934, 4.028, 3.502, 0.732, 4.695, 3.082, 2.975, 5.204
o ddosraniad N(μ, 1). Cyfrifwch gyfwng hyder 95% ar gyfer μ.

8. Mewn arbrawf, cafwyd 100 arsylw o ddosraniad normal gyda gwyriad safonol 4. Dywedodd yr ymchwilydd mai (1.545, 2.861) oedd y cyfwng hyder ar gyfer cymedr y dosraniad. Cyfrifwch y lefel hyder a ddefnyddiwyd.

9. Mae gan hydoedd oes bylbiau golau o frand arbennig ddosraniad normal gyda gwyriad safonol 33 awr.

(a) Hyd oes cymedrig hapsampl o 9 bwlb golau oedd 983 awr. Darganfyddwch gyfwng hyder 90% ar gyfer hyd oes cymedrig bylbiau'r brand hwn.

(b) Darganfyddwch faint lleiaf y sampl fel bod lled cyfwng hyder 99% ar gyfer hyd oes cymedrig y bylbiau golau hyn yn llai na 10 awr.

Nodyn pellach ar gyfyngau hyder

Yn cyfateb i unrhyw lefel hyder benodol y mae llawer o gyfyngau hyder ar gyfer μ. Yn (4) uchod, dangoswyd bod [$\bar{x}$ − 1.96 SE($\bar{X}$), $\bar{x}$ + 1.96 SE($\bar{X}$)] yn gyfwng hyder 95% ar gyfer μ. Deilliwyd y cyfwng hwn trwy ddefnyddio'r canlyniadau

$$P(Z \leq -1.96) = P(Z \geq 1.96) = 0.025$$

gyda $Z = (\bar{X} - \mu)/SE(\bar{X})$, sydd â'r dosraniad N(0, 1). O Dabl 4, ceir, er enghraifft, fod

$$P(Z \leq -2.326) = 0.01 \quad \text{a} \quad P(Z \geq 1.751) = 0.04.$$

Mae cyfuno'r rhain yn rhoi

$$P(-2.326 \leq Z \leq 1.751) = 0.95.$$

Trwy roi $(\bar{X} - \mu)/SE(\bar{X})$ yn lle Z ac ad-drefnu'r anhafaleddau, ceir

$$P[\bar{X} - 1.751\, SE(\bar{X}) \leq \mu \leq \bar{X} + 2.326\, SE(\bar{X})] = 0.95.$$

Mae'n dilyn bod y cyfwng gyda'r ffiniau

$$\bar{x} - 1.751\, SE(\bar{X}) \quad \text{ac} \quad \bar{x} + 2.326\, SE(\bar{X}) \qquad (7)$$

hefyd yn gyfwng hyder 95% ar gyfer μ. Sylwer bod lled y cyfwng hwn yn hafal i 4.077 SE($\bar{X}$), sy'n lletach na'r cyfwng a roddwyd yn (4). Gellir gwirio'n hawdd oddi wrth ddiagram mai (4) yw'r cyfwng hyder 95% byrraf posibl. Yn gyffredinol, y cyfwng a roddir gan (5) yw'r cyfwng hyder 100(1 − 2α)% byrraf ar gyfer unrhyw α penodol. O hyn allan, bydd unrhyw gyfeiriad at gyfwng hyder yn golygu'r un byrraf fel y'i rhoddir gan (5). Fel ymarfer, darganfyddwch gyfwng hyder 95% arall ar gyfer μ a gwiriwch ei fod yn lletach na'r un a roddir gan (4).

3.2 Amcangyfrif cyfwng ar gyfer y gwahaniaeth rhwng cymedrau dau ddosraniad normal sydd ag amrywiannau hysbys

Gadewch i ni ystyried amcangyfrif $\mu_1 - \mu_2$, lle mae μ_1 a μ_2 yn cynrychioli cymedrau dau ddosraniad normal gydag amrywiannau hysbys σ_1^2 a σ_2^2, yn ôl eu trefn. Gadewch i $\overline{X}_1$ ddynodi cymedr hapsampl o n_1 arsylw o $N(\mu_1, \sigma_1^2)$ a gadewch i $\overline{X}_2$ ddynodi cymedr hapsampl annibynnol o n_2 arsylw o $N(\mu_2, \sigma_2^2)$. Yna, mae dosraniad samplu $\overline{X}_1 - \overline{X}_2$ yn normal gyda chymedr

$$E(\overline{X}_1 - \overline{X}_2) = \mu_1 - \mu_2 \qquad (1)$$

a chyfeiliornad safonol

$$SE(\overline{X}_1 - \overline{X}_2) = \left(\frac{\sigma_1^2}{n_1} + \frac{\sigma_2^2}{n_2}\right)^{1/2}. \qquad (2)$$

Gan weithio fel y gwnaed yn Adran 3.1 ond gan roi $(\overline{X}_1 - \overline{X}_2)$ yn lle $\overline{X}$ ac $SE(\overline{X}_1 - \overline{X}_2)$ yn lle $SE(\overline{X})$, ceir mai'r ffiniau hyder $100(1 - 2\alpha)\%$ ar gyfer $\mu_1 - \mu_2$, o wybod y gwerthoedd $\overline{x}_1$ ac $\overline{x}_2$ dan sylw, yw

$$\overline{x}_1 - \overline{x}_2 \pm z_\alpha SE(\overline{X}_1 - \overline{X}_2) \qquad (3)$$

Enghraifft

Cafodd hydoedd oes cymedrig μ_A, μ_B dau fath o fylbiau golau (A a B) eu cymharu trwy brofi 20 bwlb math A a 25 bwlb math B nes iddynt fethu. Cymedr y sampl ar gyfer math A oedd 1021.3 awr a chymedr y sampl ar gyfer math B oedd 1005.7 awr. A bwrw bod gan hydoedd oes y ddau fath ddosraniad normal gyda gwyriad safonol 30 awr, darganfyddwch gyfwng hyder 95% ar gyfer y gwahaniaeth $\mu_A - \mu_B$ a rhowch sylwadau ar y canlyniad.

Datrysiad

Gan ddynodi cymedrau'r samplau gan $\overline{X}_A$ ac $\overline{X}_B$ mae'n dilyn oddi wrth (2) uchod bod

$$SE(\overline{X}_A - \overline{X}_B) = \sqrt{\frac{900}{20} + \frac{900}{25}} = 9.$$

Gan ddefnyddio (3) gydag $\alpha = 0.025$ y ffiniau hyder 95% ar gyfer $\mu_A - \mu_B$ yw

$$(1021.3 - 1005.7) \pm 1.96 \times 9 = 15.6 \pm 17.64$$

ac felly y cyfwng hyder yw $(-2.04, 33{,}24)$.

Sylwadau. Gan fod y cyfwng hyder yn cynnwys sero ni ellir casglu, gyda hyder 95%, fod y cymedrau yn wahanol. Fodd bynnag, mae'r rhan fwyaf o'r cyfwng yn cynnwys gwerthoedd positif sy'n awgrymu efallai ei bod yn werth cynyddu meintiau'r samplau (a fydd yn lleihau'r cyfeiliornad safonol) a thrwy hyn o bosibl gael cyfwng o werthoedd positif a fyddai'n ein galluogi i gasglu gyda hyder 95% fod $\mu_A > \mu_B$. Fel arall, os ydym yn fodlon lleihau ein lefel hyder i 90% byddwn yn cael cyfwng hyder 90% (trwy roi 1.645 yn lle 1.96) o $(0.795, 30.405)$. Mae hyn yn golygu y gallwn gasglu gyda hyder 90% fod $\mu_A > \mu_B$. [Ceir trafodaeth fwy ffurfiol ar y math o broblem a drafodir yma yn y bennod nesaf.]

Amcangyfrif cyfwng ar gyfer paramedr

Ymarfer 3.2

1. Cymedr hapsampl o 9 arsylw o ddosraniad normal gyda gwyriad safonol 4 oedd 122. Cymedr hapsampl o 16 arsylw o ddosraniad normal arall gyda gwyriad safonol 5 oedd 101. Cyfrifwch gyfwng hyder 99% ar gyfer y gwahaniaeth rhwng cymedrau'r ddau ddosraniad.

2. Cymedr hapsampl o 25 arsylw o ddosraniad normal gyda gwyriad safonol 5 yw 80. Cymedr hapsampl o 36 arsylw o ddosraniad normal arall gyda gwyriad safonol 3 yw 75. Cyfrifwch ffiniau hyder 98% ar gyfer y gwahaniaeth rhwng cymedrau'r ddau ddosraniad.

3. Pan bwysir gwrthrych ar glorian gemegol dro ar ôl tro ceir darlleniadau sydd â dosraniad normal gyda chymedr yn hafal i wir bwysau'r gwrthrych a gwyriad safonol 0.5 mg. Pwyswyd gwrthrych A ddeng gwaith a chafwyd darlleniad cymedrig o 8.6 mg, a phwyswyd gwrthrych B bymtheg gwaith gan gael darlleniad cymedrig o 6.8 mg. Cyfrifwch gyfwng hyder 90% ar gyfer y gwahaniaeth rhwng gwir bwysau A a B.

4. Mae ansawdd eitem a fasgynhyrchir yn cael ei fesur ar raddfa ddi-dor ac mae profiad wedi dangos bod gan ansawdd yr eitemau ddosraniad normal gydag amrywiant 4.72. Mae hefyd yn hysbys bod unrhyw fân addasiadau i'r broses yn effeithio ar ansawdd cymedrig yr eitemau yn unig. Roedd gan hapsampl o 25 eitem a gynhyrchwyd o dan un addasiad ansawdd cymedrig o 26.4, ac roedd gan hapsampl o 20 eitem a gynhyrchwyd o dan addasiad arall ansawdd cymedrig o 25.6. Cyfrifwch gyfwng hyder 95% ar gyfer y gwahaniaeth rhwng yr ansawdd cymedrig o dan y ddau fath o addasiad. A yw'r canlyniad hwn yn awgrymu y bydd un o'r addasiadau yn arwain at eitemau o ansawdd gwell ar gyfartaledd?

5. Mewn ymchwiliad i effaith ychwanegyn ar luedd olew, cymedr pum mesuriad annibynnol o'i luedd heb yr ychwanegyn oedd 6.87, a chymedr chwe mesuriad annibynnol o'i luedd gyda'r ychwanegyn oedd 7.41. A bwrw bod gan y mesuriadau yn y ddau achos ddosraniad normal gyda chymedr yn hafal i'r gwir werth a gwyriad safonol 0.5, darganfyddwch (a) gyfwng hyder 90%, (b) gyfwng hyder 99%, ar gyfer y gwahaniaeth rhwng y gludedd gyda'r ychwanegyn a'r gludedd heb yr ychwanegyn. Rhowch sylwadau ar eich canlyniadau.

6. Mae hapnewidynnau X ac Y yn annibynnol ac mae ganddynt ddosraniadau normal gyda chymedrau anhysbys μ a λ, ac amrywiant cyffredin 32.84. Mae angen cyfwng hyder 90% ar gyfer y gwahaniaeth $\mu - \lambda$ ac mae angen ei gyfrifo oddi wrth ganlyniadau hapsamplau annibynnol o n arsylw ar X ac n arsylw ar Y. Darganfyddwch yr n lleiaf er mwyn i led y cyfwng fod yn llai na 4.

3.3 Ffiniau hyder bras

Ni ellir defnyddio'r ffiniau hyder a ystyriwyd hyd yn hyn ond pan fo'r dosraniadau sy'n cael eu samplu yn normal. Yn yr adran hon, ystyrir rhai achosion arbennig lle gellir cyfrifo ffiniau hyder bras ar gyfer paramedr θ dosraniad annormal. Yn y bôn, byddwn yn cymryd y gellir darganfod amcangyfrifyn diduedd ar gyfer θ gyda dosraniad samplu sydd bron yn normal.

3.3.1 Ffiniau hyder bras sampl mawr ar gyfer cymedr poblogaeth

Gadewch i $\overline{X}$ ddynodi cymedr hapsampl o n arsylw o ddosraniad gyda chymedr μ ac amrywiant $σ^2$. Cyn belled â bod n yn fawr, mae'n dilyn oddi wrth Theorem y Terfyn Canol (Adran 1.3.2) bod dosraniad samplu $\overline{X}$ bron yn normal gyda chymedr μ a chyfeiliornad safonol $SE(\overline{X}) = σ/\sqrt{n}$. Gan ddefnyddio'r brasamcan hwn, mae'n dilyn oddi wrth (5) yn Adran 3.1, os $\overline{x}$ yw gwerth dan sylw $\overline{X}$, fod y cyfwng sydd â'r ffiniau

$$\overline{x} \pm z_α SE(\overline{X}) \qquad (1)$$

yn gyfwng hyder 100(1 − 2α)% bras ar gyfer μ.

Gan fod $SE(\overline{X})$ yn cynnwys σ, ni ellir defnyddio'r uchod i gyfrifo cyfwng hyder bras ar gyfer μ ond os yw gwerth σ yn hysbys. Pan fo σ yn anhysbys gellir cyflwyno brasamcan pellach trwy ddisodli $σ^2$ a rhoi yn ei le ei amcangyfrif sampl diduedd s^2 a roddir gan (3) yn Adran 2.3. Gydag n mawr, mae'n rhesymol disgwyl na fydd s^2 yn wahanol iawn i $σ^2$. Yn yr achos hwn y ffiniau hyder 100(1 − 2α)% bras ar gyfer μ yw

$$\overline{x} \pm z_α ESE(\overline{X}) \qquad (2)$$

lle mae

$$ESE(\overline{X}) = \sqrt{(s^2/n)} = \sqrt{[(Σx^2 − n\overline{x}^2)/n(n − 1)]} \qquad (3)$$

Po fwyaf yw gwerth n, agosaf fydd y ffiniau a roddir gan (3) i'r gwir ffiniau hyder 100(1 − 2α)% ar gyfer μ.

Enghraifft

Swm gwerthoedd hapsampl o 100 arsylw ar hapnewidyn X oedd 185.6 a swm eu sgwariau oedd 385.89. Cyfrifwch ffiniau hyder 90% bras ar gyfer cymedr X, sef μ. Diddwythwch ffiniau hyder 90% bras ar gyfer 3μ − 2.

Datrysiad

Gan adael i x ddynodi arsylw mympwyol yn y sampl, rhoddir bod

$$Σx = 185.6 \text{ a } Σx^2 = 385.89.$$

Trwy hyn, amcangyfrifynnau diduedd cymedr ac amrywiant y boblogaeth, yn y drefn honno, yw

$$\overline{x} = 185.6/100 = 1.856,$$

ac $\qquad s^2 = \dfrac{1}{99}[385.89 - 100 \times 1.856^2] \cong 0.4183.$

Mae'n dilyn bod

$$\text{ESE}(\overline{X}) = \sqrt{\dfrac{s^2}{100}} \cong \sqrt{0.004183} \cong 0.0647$$

Gan ddefnyddio (2) uchod gydag $\alpha = 0.05$, ffiniau hyder 90% bras ar gyfer μ yw

$\qquad 1.856 \pm 1.645 \times 0.0647 = 1.856 \pm 0.106 = (1.750, 1.962).$

Y ffiniau hyder 90% bras cyfatebol ar gyfer $3\mu - 2$ yw :

$\qquad 3 \times 1.750 - 2 = 3.250 \quad$ a $\quad 3 \times 1.962 - 2 = 3.886$

Ymarfer 3.3a

1. Profwyd torbwyntiau, x kg, hapsampl o 60 hyd o linyn a chafwyd bod $\Sigma x = 435.6$ a $\Sigma x^2 = 3204.7$. Cyfrifwch amcangyfrifon diduedd ar gyfer cymedr ac amrywiant torbwyntiau llinynnau o'r fath. Trwy hyn darganfyddwch ffiniau hyder 95% bras ar gyfer torbwynt cymedrig hydoedd o linyn o'r fath.

2. Rhoddodd hapsampl o 100 arsylw o boblogaeth amcangyfrifon diduedd ar gyfer cymedr ac amrywiant y boblogaeth, sef 15.8 a 5.6842, yn ôl eu trefn. Darganfyddwch gyfwng hyder 99% bras ar gyfer cymedr y boblogaeth, sef μ. Diddwythwch ffiniau hyder 99% bras ar gyfer $(\mu - 2)/2$.

3. Mesurwyd taldra hapsampl o 80 myfyriwr gwrywaidd mewn metrau. Cafwyd bod swm y 80 taldra yn 140.8 a bod swm eu sgwariau yn 248.64. Cyfrifwch gyfwng hyder 90% bras ar gyfer taldra cymedrig myfyrwyr gwrywaidd.

4. Mesurwyd masau, x gram, cynnwys 100 jar o jam a chafwyd bod $\Sigma x = 45426$ a $\Sigma x^2 = 20635238$. Cyfrifwch amcangyfrifon diduedd ar gyfer cymedr ac amrywiant masau'r jam mewn jariau o'r fath. Trwy hyn darganfyddwch gyfwng hyder 90% bras ar gyfer y màs cymedrig ym mhob jar.

5. Mesurwyd y cynnyrch, x kg, o hapsampl o 100 o blanhigion tomato a chafwyd bod $\Sigma x = 700$ a $\Sigma x^2 = 5296$. Cyfrifwch amcangyfrifon diduedd ar gyfer cymedr ac amrywiant y cynnyrch o blanhigion o'r fath. Trwy hyn darganfyddwch gyfwng hyder 98% bras ar gyfer cynnyrch cymedrig pob planhigyn. Gwerthir y tomatos am 75 ceiniog y kg. A bwrw bod y planhigyn yn costio 25 ceiniog yr un i'r garddwr masnachol, darganfyddwch ffiniau hyder 98% bras ar gyfer yr elw cymedrig am bob planhigyn.

6. Mesurwyd gwrthiant, x ohm, hapsampl o 80 elfen drydanol a gynhyrchwyd gan gwmni arbennig a chafwyd bod $\Sigma x = 790$ a $\Sigma x^2 = 7821$. Darganfyddwch ffiniau hyder 95% bras ar gyfer gwrthiant cymedrig elfennau trydanol a gynhyrchir gan y cwmni.

7. Mesurwyd hydoedd oes, x awr, hapsampl o 260 o gydrannau electronig a chafwyd bod $\Sigma x = 3952$ a $\Sigma x^2 = 62320$. Darganfyddwch gyfwng hyder 95% bras ar gyfer hyd oes cymedrig cydrannau o'r fath.

8. Mae'r tabl canlynol yn dangos dosraniad amlder nifer (x) o ddyddiau pan fu hapsampl o 120 o ddisgyblion mewn ysgol yn absennol yn ystod y tymor blaenorol.

Nifer y dyddiau yn absennol (x)	0	1	2	3	4	5
Nifer y disgyblion	48	25	20	18	5	4

Darganfyddwch gyfwng hyder 95% bras ar gyfer nifer cymedrig y dyddiau yr oedd disgybl yn yr ysgol hon yn absennol yn ystod y tymor blaenorol.

3.3.2 Ffiniau hyder bras sampl mawr ar gyfer y gwahaniaeth rhwng cymedrau dwy boblogaeth

Gadewch i $\overline{X}_1$ ddynodi cymedr hapsampl o n_1 arsylw o blith poblogaeth sydd â chymedr μ_1 ac amrywiant σ_1^2, a gadewch i $\overline{X}_2$ ddynodi cymedr hapsampl annibynnol o n_2 arsylw o boblogaeth sydd â chymedr μ_2 ac amrywiant σ_2^2. Yna, fel yn Adran 3.2, mae gan ddosraniad samplu $\overline{X}_1 - \overline{X}_2$

$$\text{gymedr} \quad E(\overline{X}_1 - \overline{X}_2) = \mu_1 - \mu_2 \tag{1}$$

$$\text{a chyfeiliornad safonol} \quad SE(\overline{X}_1 - \overline{X}_2) = \sqrt{\frac{\sigma_1^2}{n_1} + \frac{\sigma_2^2}{n_2}} \tag{2}$$

Ar ben hynny, cyn belled â bod n_1 ac n_2 yn fawr, bydd dosraniad samplu $\overline{X}_1 - \overline{X}_2$ bron yn normal gyda chymedr a roddir gan (1) a gwyriad safonol a roddir gan (2). Hefyd, os yw σ_1 a σ_2 yn anhysbys, yna ar gyfer n_1 ac n_2 mawr, gellir brasamcanu (2) gan

$$ESE(\overline{X}_1 - \overline{X}_2) = \sqrt{\frac{s_1^2}{n_1} + \frac{s_2^2}{n_2}} \tag{3}$$

lle mae s_1^2 ac s_2^2 yn dynodi amcangyfrifon diduedd y sampl ar gyfer σ_1^2 a σ_2^2, yn ôl eu trefn.

Ar gyfer n_1 ac n_2 mawr mae'n dilyn bod ffiniau hyder $100(1-2\alpha)\%$ bras ar gyfer $\mu_1 - \mu_2$ yn cael eu rhoi gan

$$(\overline{x}_1 - \overline{x}_2) \pm z_\alpha \, ESE(\overline{X}_1 - \overline{X}_2) \tag{4}$$

lle mae $\overline{x}_1$ ac $\overline{x}_2$ yn cynrychioli gwerthoedd dan sylw $\overline{X}_1$ ac $\overline{X}_2$, yn ôl eu trefn.

Enghraifft

Rhoddodd hydoedd oes hapsampl o 80 bwlb golau trydan o frand A amcangyfrifon diduedd o gymedr ac amrywiant y boblogaeth yn hafal i 1070 a 472 o oriau, yn ôl eu trefn. Rhoddodd hydoedd oes hapsampl o 60 bwlb golau trydan o frand B amcangyfrifon diduedd o gymedr ac amrywiant y boblogaeth yn hafal i 1042 a 366 o oriau, yn ôl eu trefn. Cyfrifwch gyfwng hyder 90% bras ar gyfer y gwahaniaeth rhwng hydoedd oes cymedrig y ddau frand o fylbiau trydan.

Datrysiad

Oddi wrth yr wybodaeth a roddir a chan ddefnyddio is-nod A ar gyfer bylbiau brand A ac is-nod B ar gyfer bylbiau brand B, ceir bod

$n_A = 80$, $\bar{x}_A = 1070$, $s_A^2 = 472$; $n_B = 60$, $\bar{x}_B = 1042$, $s_B^2 = 366$.

Felly, o (3), yr amcangyfrif ar gyfer $SE(\bar{X}_A - \bar{X}_B)$ yw

$$ESE(\bar{X}_A - \bar{X}_B) = \sqrt{\frac{s_A^2}{n_A} + \frac{s_B^2}{n_B}} = \sqrt{\frac{472}{80} + \frac{366}{60}} = \sqrt{12}$$

Ar gyfer y cyfwng hyder 90% mae arnom angen $\alpha = 0.05$; o Dabl 4, ceir bod $z_{0.05} = 1.645$. Trwy ddefnyddio (4) uchod, y ffiniau hyder 90% bras ar gyfer $\mu_A - \mu_B$ yw

$$(1070 - 1042) \pm 1.645\sqrt{12} = 28 \pm 5.70$$

ac felly y cyfwng hyder 90% bras yw (22.3, 33.7).

Felly gyda hyder 90% gellir dweud y bydd bwlb brand A yn para ar gyfartaledd rhwng 22 awr a 34 awr yn hirach na bwlb brand B.

Ymarfer 3.3b

1. Mewn ymchwiliad i ddarganfod faint y mae bechgyn a merched mewn grŵp oedran penodol yn ei wario bob wythnos ar felysion, cynhaliwyd arolwg ar hapsamplau o 80 bachgen a 70 merch. Rhoddodd canlyniadau'r arolwg amcangyfrifon diduedd ar gyfer cymedr ac amrywiant y symiau a gaiff eu gwario gan fechgyn, sef 96 a 9.8 ceiniog yr wythnos, yn ôl eu trefn, a chan ferched, sef 89 a 12.4 ceiniog yr wythnos, yn ôl eu trefn. Cyfrifwch ffiniau hyder 99% bras ar gyfer y gwahaniaeth rhwng y symiau cyfartalog a gaiff eu gwario bob wythnos ar felysion gan fechgyn a merched. Rhowch sylwadau ar y cyfwng a gewch.

2. Mae'r tabl canlynol yn crynhoi'r canlyniadau a gafwyd mewn arbrawf i gymharu uchder coesynnau gwenith sy'n cael ei drin gan ddau fath o wrtaith, sef A a B.

	Gwrtaith A	Gwrtaith B
Nifer y coesynnau	50	60
Swm yr uchderau	780	846
Swm sgwariau'r uchderau	12 358	12 195

Darganfyddwch gyfwng hyder 90% bras ar gyfer y gwahaniaeth rhwng uchderau cymedrig coesynnau gwenith a dyfir â gwrtaith A a gwrtaith B.

Amcangyfrif cyfwng ar gyfer paramedr

3. Rhannwyd grŵp o 150 o gleifion yn ddau is-grŵp cyfartal o ran nifer, A a B. Rhoddwyd i gleifion yng ngrŵp A un math o dawelydd a rhoddwyd i'r rhai yng ngrŵp B fath arall o dawelydd. Rhoddodd nifer yr oriau o gwsg a arsylwyd ar gyfer y cleifion yng ngrŵp A amcangyfrifon diduedd ar gyfer cymedr ac amrywiant y boblogaeth yn hafal i 7.25 a 0.7225, a'r ffigurau cyfatebol ar gyfer grŵp B oedd 7.45 a 0.49. Darganfyddwch gyfwng hyder 90% bras ar gyfer y gwahaniaeth rhwng yr oriau cymedrig o gwsg a gafwyd â'r ddau dawelydd.

4. Swm taldra hapsampl o 200 o fenywod oedd 316.00 metr a swm eu sgwariau oedd 499.9964 metr. Cyfrifwch gyfwng hyder 95% bras ar gyfer taldra cymedrig y menywod. Swm taldra hapsampl o 150 o ddynion oedd 258.12 metr a swm eu sgwariau oedd 444.5454 metr. Cyfrifwch gyfwng hyder 99% bras ar gyfer y gwahaniaeth rhwng taldra cymedrig dynion a thaldra cymedrig menywod.

5. Mesurwyd faint o hylif, x mililitr, a roddwyd gan beiriant A i mewn i 300 ffiol a chafwyd bod $\Sigma x = 39600$ a $\Sigma x^2 = 5231984$. Cyfrifwch amcangyfrifon diduedd ar gyfer cymedr μ_A ac amrywiant σ_A^2 y meintiau a roddwyd ym mhob ffiol gan beiriant A. Darganfyddwch gyfwng hyder 90% bras ar gyfer μ_A.

Rhoddodd y meintiau, y mililitr, o hylif a roddwyd gan beiriant B i mewn i 400 ffiol amcangyfrifon diduedd o 135 a 36 ar gyfer cymedr μ_B ac amrywiant σ_B^2 y meintiau a roddwyd ym mhob ffiol gan beiriant B.

Darganfyddwch gyfwng hyder 90% bras ar gyfer $\mu_A - \mu_B$.

6. Tynnwyd hapsampl o 200 ffibr allan o swp mawr o ffibrau. Mesurwyd torbwynt x pob ffibr a chafwyd bod $\Sigma x = 3580.0$ a bod $\Sigma x^2 = 64529.75$. Darganfyddwch gyfwng hyder 95% bras ar gyfer torbwynt cymedrig μ y ffibrau yn y swp.

Ar ôl trin y ffibrau oedd yn weddill yn y swp â chemegyn arbennig, tynnwyd ail hapsampl o 200 ffibr. Rhoddodd torbwyntiau y ffibrau hyn amcangyfrifon diduedd ar gyfer cymedr λ ac amrywiant y ffibrau yn y swp yn hafal i 18.1 a 0.99, yn ôl eu trefn. Darganfyddwch gyfwng hyder 95% bras ar gyfer $\mu - \lambda$. Rhowch sylwadau i egluro a yw eich cyfwng yn awgrymu bod y driniaeth gemegol wedi newid torbwynt cymedrig y ffibrau.

7. Cynhaliwyd arbrawf er mwyn cymharu ddau ddiet A a B ar gyfer colli pwysau. Hapddewiswyd dau grŵp, gyda phob un yn cynnwys 50 o bobl oedd yn pwyso gormod. Dilynodd un grŵp ddiet A a dilynodd y llall ddiet B am gyfnod o 20 wythnos. Rhoddir crynodeb o faint o bwysau roeddent wedi eu colli yn y tabl canlynol.

Amcangyfrif cyfwng ar gyfer paramedr

	Diet A	Diet B
Cyfanswm y pwysau a gollwyd	965	680
Cyfanswm sgwariau'r pwysau a gollwyd	18 956	9425

Darganfyddwch gyfwng hyder 95% bras ar gyfer y gwahaniaeth rhwng y pwysau cymedrig a gollir â'r ddau ddiet. Dehonglwch eich ateb.

8. Echdynnir dau gemegyn, A a B, o sypiau 1 kg o ddeunydd crai. Ceir X gram o A allan o swp, lle mae X yn hapnewidyn di-dor gyda chymedr μ a gwyriad safonol 2, a cheir Y gram o B, lle mae Y yn hapnewidyn di-dor gyda chymedr λ a gwyriad safonol 3. Gellir cymryd bod X ac Y yn annibynnol. Mae cemegyn A yn werth £2 y gram, ac mae cemegyn B yn werth £1 y gram. Echdynnwyd y cemegion o 100 o sypiau, a chymedrau'r meintiau o A a B a gafwyd o bob swp oedd 5.2 gram ac 8.6 gram, yn ôl eu trefn. Cyfrifwch ffiniau hyder 95% bras ar gyfer gwerth cymedrig cyfanswm y cemegion a echdynnwyd o bob swp. [AWGRYM: bydd arnoch angen ystyried y dosraniad samplu $2\overline{X} + \overline{Y}$.]

3.3.3 Ffiniau hyder bras ar gyfer tebygolrwydd

Gadewch i X ddynodi nifer y llwyddiannau mewn n cynnig Bernoulli annibynnol lle mae tebygolrwydd llwyddiant mewn unrhyw gynnig yn θ (anhysbys). Fel a nodwyd yn Adran 1.4 mae dosraniad samplu P = X/n, sef cyfran y llwyddiannau mewn n cynnig, yn rhoi

$$E(P) = \theta \text{ a } SE(P) = \sqrt{[\theta(1-\theta)/n]}.$$

Os yw n yn fawr ac os nad yw θ yn agos at 0 nac 1, mae dosraniad samplu P bron yn normal gyda'r cymedr a'r cyfeiliornad safonol uchod. Trwy hyn, gan weithio fel yn yr adrannau blaenorol, y ffiniau hyder $100(1 - 2\alpha)$% bras ar gyfer θ yw

$$p \pm z_\alpha \text{ SE(P)},$$

lle mae p yn dynodi gwerth dan sylw P. Fodd bynnag, ni ellir enrhifo'r ffiniau hyn oherwydd bod SE(P) yn dibynnu ar θ ac mae ei werth yn anhysbys. Fel yn Adran 2.2 gellir amcangyfrif SE(P) trwy ddefnyddio

$$ESE(P) = \sqrt{[p(1-p)/n]}.$$

Gan ddefnyddio'r amcangyfrif hwn, y ffiniau hyder $100(1 - 2\alpha)$% bras ar gyfer θ yw

$$p \pm z_\alpha \text{ ESE(P)}.$$

Gellir enrhifo'r gwerthoedd hyn o wybod cyfran y llwyddiannau a arsylwyd yn y sampl, sef p.

[Yn y ddadl uchod defnyddiwyd dau frasamcan, sef y brasamcan normal ar gyfer dosraniad samplu P ac ESE(P) fel brasamcan ar gyfer SE(P). Mae dull yn bodoli lle nad oes angen yr ail o'r brasamcanion hyn (gweler Cwestiwn 11 yn yr ymarfer nesaf). Mae'r

Amcangyfrif cyfwng ar gyfer paramedr

dull yn eithaf cymhleth ac nid yw'n cael ei ddefnyddio yn aml gan fod y ffiniau a roddir gan y dull uchod yn ddigon cywir i'r rhan fwyaf o bwrpasau ymarferol.]

Enghraifft 1

Mewn hapsampl o 400 etholwr gwrywaidd mewn etholaeth fawr iawn, dywedodd 140 eu bod yn bwriadu pleidleisio dros ymgeisydd A yn yr etholiad oedd ar fin cael ei gynnal. Cyfrifwch ffiniau hyder 95% bras ar gyfer cyfran yr holl etholwyr gwrywaidd sydd yn bwriadu pleidleisio dros ymgeisydd A.

Datrysiad

Yma, mae n = 400 yn fawr ac nid yw p = 140/400 = 0.35 yn agos at 0 nac 1, ac felly mae'r amodau ar gyfer y brasamcan uchod yn cael eu bodloni. Ceir

$$ESE(P) = \sqrt{[0.35 \times 0.65/400]}.$$

Ar gyfer y ffiniau hyder 95%, mae'n rhaid cael α fel bod $1 - 2\alpha = 0.95$ ac felly mae $\alpha = 0.025$. Oddi wrth Dabl 4 ceir bod $z_{0.025} = 1.960$. Mae'n dilyn mai'r ffiniau hyder 95% bras ar gyfer cyfran yr holl etholwyr gwrywaidd sydd yn bwriadu pleidleisio dros ymgeisydd A yw

$$0.35 \pm 1.960 \times \sqrt{[0.35 \times 0.65/400]} = 0.35 \pm 0.047 = 0.303 \text{ a } 0.397.$$

Felly, gyda hyder o tua 95%, gellir dweud bod rhwng 30% a 40% o'r holl etholwyr gwrywaidd yn bwriadu pleidleisio dros ymgeisydd A

Enghraifft 2

Cafodd hapsampl o 500 o bysgod eu tynnu o lyn, eu labelu, a'u rhoi yn ôl yn y llyn. Yn ddiweddarach tynnwyd hapsampl arall o 200 o bysgod a gwelwyd bod 25 ohonynt wedi eu labelu. (a) Amcangyfrifwch nifer N y pysgod yn y llyn. (b) Cyfrifwch ffiniau hyder 90% bras ar gyfer cyfran θ y pysgod yn y llyn sydd wedi eu labelu. (c) Diddwythwch ffiniau hyder 90% bras ar gyfer N.

Datrysiad

(a) Amcangyfrif θ yw p = 25/200 = 0.125 a'r amcangyfrif cyfatebol ar gyfer N yw

$$500/p = 4000.$$

(b) Nawr $ESE(P) = \sqrt{[p(1-p)/n]} = \sqrt{[0.125 \times 0.875/200]} \cong 0.023385$

Trwy hyn, ffiniau hyder 90% bras ar gyfer θ yw

$$0.125 \pm 1.645 \times 0.023385 \cong 0.125 \pm 0.038 = 0.087 \text{ a } 0.163$$

Amcangyfrif cyfwng ar gyfer paramedr

(c) Gan mai ein hamcangyfrifyn ar gyfer N yw 500/P, y ffiniau cyfatebol ar gyfer N, yn gywir i'r cyfanrif agosaf, yw

$$500/0.087 = 5747 \text{ a } 500/0.163 = 3067.$$

Felly, gyda hyder o tua 90%, gellir dweud bod rhwng 3067 a 5747 o bysgod yn y llyn.

Ymarfer 3.3c

1. Mewn hapsampl o 1000 o deuluoedd mewn dinas fawr, cafwyd bod gan 358 ddau neu ragor o geir. Cyfrifwch ffiniau hyder 90% bras ar gyfer cyfran yr holl deuluoedd yn y ddinas sydd â dau neu ragor o geir.

2. Mewn hapsampl o 500 o enedigaethau a gofrestrwyd mewn mis penodol, cafwyd bod 261 yn fechgyn. Cyfrifwch ffiniau hyder 95% bras ar gyfer cyfran yr holl enedigaethau a gofrestrwyd sy'n fechgyn.

3. Gwerthir melysion o wahanol liwiau mewn tiwbiau ac mae pob tiwb yn cynnwys 20 o felysion. Cafwyd bod 268 o'r melysion mewn hapsampl o 40 o diwbiau o'r fath yn ddu. Cyfrifwch ffiniau hyder 96% bras ar gyfer cyfran yr holl felysion a gynhyrchir sy'n ddu.

4. Dangosodd arolwg barn fod 750 allan o hapsampl o 1800 o ddinasyddion o blaid cynnig i adeiladu neuadd gyngerdd newydd. Cyfrifwch gyfwng hyder 99% bras ar gyfer cyfran y dinasyddion sydd o blaid y cynnig.

5. Mewn sir arbennig, roedd 972 daliwr polisi wedi yswirio eu cartrefi gyda chwmni yswiriant penodol. Ar ddiwedd gaeaf garw, gwelodd y cwmni yswiriant fod 357 ohonynt wedi dioddef gwerth mwy na £500 o ddifrod oherwydd eira a rhew. Cyfrifwch ffiniau hyder 95% bras ar gyfer cyfran y teuluoedd yn y sir a oedd wedi dioddef gwerth mwy na £500 o ddifrod oherwydd eira a rhew.

6. Mae rheolwr archfarchnad yn dymuno darganfod cyfwng hyder 95% ar gyfer cyfran θ y cwsmeriaid sy'n talu ag arian parod. Mewn hapsampl o 200 o gwsmeriaid cafwyd bod 40 yn talu ag arian parod. (a) Cyfrifwch gyfwng hyder 95% bras ar gyfer θ. (b) Darganfyddwch y nifer lleiaf o gwsmeriaid y dylid eu samplu er mwyn sicrhau y bydd lled y cyfwng hyder 95% ar gyfer θ yn llai na 0.1.

7. Dewiswyd hapsampl o 50 o ddisgyblion allan o'r 2500 mewn ysgol a chafwyd bod 15 ohonynt yn llaw chwith. Darganfyddwch ffiniau hyder 90% bras ar gyfer (a) cyfran y disgyblion yn yr ysgol sy'n llaw chwith, (b) nifer y disgyblion yn yr ysgol sy'n llaw chwith.

8. Cafodd hapsampl o 400 o gwningod mewn ardal arbennig eu dal, eu labelu a'u rhyddhau yn yr un ardal. Yn ddiweddarach cafodd ail hapsampl o 360 o gwningod eu dal a chafwyd bod 18 ohonynt wedi eu labelu. (a) Amcangyfrifwch nifer N y cwningod yn yr ardal. (b) Darganfyddwch ffiniau hyder 95% ar gyfer N.

Amcangyfrif cyfwng ar gyfer paramedr

9. Mewn hapsampl o 200 gwrthydd o frand arbennig, cafwyd bod 13 ohonynt yn methu cwrdd â'r goddefiant a bennir. Gan adael i θ ddynodi cyfran y gwrthyddion o'r fath sy'n methu cwrdd â'r goddefiant a bennir, ysgrifennwch amcangyfrif diduedd ar gyfer θ a darganfyddwch amcangyfrif ar gyfer ei gyfeiliornad safonol. Trwy hyn cyfrifwch gyfwng hyder 95% bras ar gyfer gwerth θ. Nodwch a yw eich canlyniad yn cadarnhau honiad y gwneuthurwr bod θ = 0.04 ai peidio.

10. Mewn hapsampl o 100 arsylw o hapnewidyn di-dor, cafwyd bod gwerth 64 ohonynt yn fwy na 3. Defnyddiwch yr wybodaeth hon er mwyn cael amcangyfrif diduedd ar gyfer θ = P(X > 3), a darganfyddwch amcangyfrif ar gyfer ei gyfeiliornad safonol. Trwy hyn darganfyddwch ffiniau hyder 95% bras ar gyfer θ, gan roi pob ffin i ddau le degol.
O wybod, hefyd, fod gan X ddosraniad unffurf dros y cyfwng o β − 1 i β + 1, lle mae β yn gysonyn anhysbys, darganfyddwch fynegiad ar gyfer θ yn nhermau β. Trwy hyn darganfyddwch ffiniau hyder 95% bras ar gyfer β gan roi pob terfyn yn gywir i ddau le degol.

11. Arsylwir ar ddigwyddiad arbennig, lle mae'r tebygolrwydd o gael canlyniad positif gydag unrhyw arsylw yn annibynnol ar ganlyniadau arsylwadau eraill a gwerth y tebygolrwydd hwn yn θ, yr un gwerth ar gyfer pob arsylw. Gydag n arsylw, y gyfran sy'n rhoi canlyniadau positif yw P. Gan ddefnyddio brasamcan normal ar gyfer dosraniad samplu P dangoswch fod

$$P(|P - \theta| < 1.96 \sqrt{[\theta(1 - \theta)/n]}) \approx 0.95.$$

Mewn set o 100 o arsylwadau o'r fath, cafwyd 90 o ganlyniadau positif. Darganfyddwch anhafaledd yn y ffurf uchod, a thrwy sgwario dwy ochr yr anhafaledd cyfrifwch oddi wrth wreiddiau'r hafaliad cwadratig gyfwng hyder 95% bras ar gyfer gwerth θ.

3.3.4 Ffiniau hyder bras ar gyfer cymedr dosraniad Poisson

Gadewch i $\overline{X}$ ddynodi cymedr hapsampl mawr o n arsylw hapnewidyn Poisson y mae ei gymedr μ yn anhysbys. Gan fod amrywiant y dosraniad Poisson hwn hefyd yn μ mae'n dilyn o Theorem y Terfyn Canol y gellir brasamcanu dosraniad samplu $\overline{X}$ gan ddosraniad normal gyda chymedr $E(\overline{X}) = \mu$ a chyfeiliornad safonol $SE(\overline{X}) = \sqrt{\mu/n}$.

Trwy hyn, ffiniau hyder 100(1 − 2α)% bras ar gyfer μ yw

$$\overline{x} \pm z_\alpha SE(\overline{X}),$$

lle mae $\overline{x}$ yn cynrychioli cymedr y sampl dan sylw. Fodd bynnag, ni ellir enrhifo'r ffiniau hyn gan fod $SE(\overline{X})$ yn cynnwys μ, sy'n anhysbys. Er mwyn ein galluogi i enrhifo ffiniau hyder bras, gellir disodli $SE(\overline{X})$ a rhoi yn ei le ei amcangyfrif $ESE(\overline{X}) = \sqrt{\overline{x}/n}$. Felly dyma'r ffiniau hyder 100(1 − 2α)% bras ar gyfer μ:

$$\overline{x} \pm z_\alpha ESE(\overline{X}).$$

Amcangyfrif cyfwng ar gyfer paramedr

[Gellir cael ffiniau mwy manwl gywir trwy ddefnyddio dull tebyg i'r un a amlinellwyd ar gyfer tebygolrwydd yng Nghwestiwn 11 yn Ymarfer 3.3.3, ond yn ymarferol dylai'r brasamcan a roddir uchod fod yn ddigon cywir].

Enghraifft

Gellir cymryd bod gan nifer y ceir sy'n gorboethi ar unrhyw ddiwrnod ar ran o'r draffordd ddosraniad Poisson. Mewn hapsampl o 50 diwrnod cyfanswm nifer y ceir a orboethodd oedd 163. Cyfrifwch gyfwng hyder 95% bras ar gyfer nifer cymedrig y ceir sy'n gorboethi bob dydd.

Datrysiad

Yma mae $n = 50$ ac $\bar{x} = 163/50 = 3.26$. Trwy hyn mae $ESE(\bar{X}) = \sqrt{3.26/50}$ a ffiniau hyder 95% bras ar gyfer y cymedr μ yw

$$\bar{x} \pm 1.96 \times ESE(\bar{X}) = 3.26 \pm 1.96 \times \sqrt{3.26/50} = 3.26 \pm 0.500,$$

a'r cyfwng hyder 95% bras ar gyfer μ yw (2.76, 3.76).

Ymarfer 3.3d

1. Darganfuwyd 252 o ddiffygion mewn hapsampl o 100 rholyn o frethyn. Cyfrifwch ffiniau hyder 90% bras ar gyfer nifer cymedrig y diffygion ym mhob rholyn.

2. Darganfuwyd cyfanswm o 135 o ddiffygion mewn hapsampl o 200 o geir newydd o fodel arbennig. A bwrw bod gan nifer y diffygion ym mhob car ddosraniad Poisson, cyfrifwch ffiniau hyder 95% bras ar gyfer nifer cymedrig y diffygion ym mhob car newydd.

3. Mae'r tabl canlynol yn dangos y dosraniad amledd a arsylwyd yn niferoedd y swigod a ddarganfuwyd mewn hapsampl o 60 o boteli gwydr.

Nifer y swigod ym mhob potel	0	1	2	3
Nifer y poteli	28	19	8	5

A bwrw bod gan nifer y swigod ym mhob potel ddosraniad Poisson, cyfrifwch ffiniau hyder 92% bras ar gyfer nifer cymedrig y swigod ym mhob potel.

4. Mae gan nifer yr allyriannau y munud o ffynhonnell ymbelydrol ddosraniad Poisson gyda chymedr anhysbys μ. O wybod i gyfanswm o 5000 o allyriannau ddigwydd mewn cyfnod o un awr, cyfrifwch gyfwng hyder 95% bras ar gyfer μ.

5. Mae gan nifer y ceisiadau a wneir bob wythnos ar bolisïau yswiriant cwmni penodol ddosraniad Poisson gyda chymedr μ. O wybod bod 728 o geisiadau wedi eu gwneud yn ystod y flwyddyn flaenorol, cyfrifwch ffiniau hyder 95% bras ar gyfer μ.

6. Gellir cymryd bod nifer y tomatos sydd wedi eu difetha ar blanhigyn gyda dosraniad Poisson. O wybod y cafwyd cyfanswm o 810 o domatos wedi eu difetha mewn sampl o 100 o blanhigion, darganfyddwch ffiniau hyder 99% bras ar gyfer nifer cymedrig y tomatos wedi eu difetha ar bob planhigyn.

7. Gellir cymryd bod gan nifer y ceir sy'n cyrraedd cyffordd mewn cyfnod o 5 munud ddosraniad Poisson. Mae'r tabl canlynol yn dangos dosraniad amlder nifer y ceir sy'n cyrraedd y gyffordd dros 45 cyfnod olynol o 5 munud yr un.

Nifer y ceir	0	1	2	3	4	5
Nifer y cyfnodau	6	13	11	8	4	3

Cyfrifwch ffiniau hyder 95% bras ar gyfer nifer cymedrig y ceir sy'n cyrraedd y gyffordd mewn cyfnod o 5 munud.

8. Tybiwch fod gan X ddosraniad Poisson gyda chymedr μ (anhysbys). Cymedr hapsampl o 100 arsylw o X oedd 6.1. Darganfyddwch gyfwng hyder 90% bras ar gyfer μ. Darganfyddwch hefyd gyfwng hyder 90% bras ar gyfer $P(X = 0) = e^{-\mu}$.

Amrywiol gwestiynau ar Bennod 3

1. (1984) Mae gan hapnewidyn X ffwythiant dwysedd tebygolrwydd f, lle mae

$$f(x) = 1, \quad \text{ar gyfer } \theta + 1 \leq x \leq \theta + 2,$$
$$f(x) = 0, \quad \text{fel arall,}$$

lle mae θ yn gysonyn anhysbys. Gan ddynodi cymedr ac amrywiant X gan μ a σ^2, yn ôl eu trefn, mynegwch μ yn nhermau θ a darganfyddwch werth σ^2. (4)

Roedd gan hapsampl o 10 arsylw o X y gwerthoedd :

2.4, 1.6, 1.7, 2.3, 1.9, 1.8, 1.6, 2.1, 1.6, 2.0

Cyfrifwch amcangyfrif diduedd ar gyfer μ, a diddwythwch amcangyfrif diduedd ar gyfer θ. Cyfrifwch, i dri ffigur ystyrlon, gyfeiliornad safonol eich amcangyfrif diduedd ar gyfer θ. (5)

O wybod bod cymedr hapsampl o 100 arsylw o X yn 1.86, defnyddiwch frasamcan dosraniad normal er mwyn cyfrifo ffiniau hyder 95% ar gyfer θ, gan roi pob ffin yn gywir i dri ffigur ystyrlon. (6)

2. (1987) Mae gan yr hapnewidyn X ddosraniad normal gyda chymedr anhysbys μ cm a gwyriad safonol 2 cm.

(i) Cyfanswm gwerthoedd hapsampl o 16 arsylw o X oedd 118.4 cm. Cyfrifwch gyfwng hyder 95% ar gyfer gwerth μ.

(ii) Darganfyddwch y nifer lleiaf o arsylwadau o X y dylid eu cymryd mewn sampl er mwyn i led y cyfwng hyder 95% ar gyfer μ fod yn llai nag 1 cm. (6)

3. (1987) Cymedr y cyflogau wythnosol a dderbynnir gan hapsampl o 80 o staff yn gweithio yn ffatri A oedd £86.40 a'u gwyriad safonol oedd £3.80. Defnyddiwch yr wybodaeth hon i gyfrifo cyfwng hyder 95% bras ar gyfer cyflog wythnosol cymedrig yr holl staff sy'n gweithio yn ffatri A. (4)

Cymedr y cyflogau wythnosol a dderbynnir gan hapsampl o 100 o staff yn gweithio yn ffatri B oedd £87.60 a'u gwyriad safonol oedd £5.20. Cyfrifwch gyfwng hyder 95% bras ar gyfer y gwahaniaeth rhwng y cyflogau wythnosol cymedrig yn y ddwy ffatri. Nodwch, gan roi rheswm, a yw eich cyfwng yn gwrthbrofi'r honiad fod y cyflogau wythnosol cymedrig yn y ddwy ffatri yn hafal. (4)

4. (1988) Pwysir gwrthrych dro ar ôl tro gan ddefnyddio clorian benodol a gwelir bod gan y masau dan sylw ddosraniad normal gyda chymedr sy'n hafal i wir fàs y gwrthrych a gwyriad safonol 0.5 mg.

(a) Darganfyddwch nifer lleiaf y gweithiau y dylid pwyso'r gwrthrych er mwyn i led y cyfwng hyder 90% ar gyfer gwir fàs y gwrthrych fod yn llai na 0.5 mg. (3)

(b) Pwyswyd gwrthrych 10 gwaith ar y glorian a chymedr y masau dan sylw oedd 6.8 mg. Pwyswyd gwrthrych arall 15 gwaith ar y glorian a chymedr y masau dan sylw oedd 4.6 mg. Cyfrifwch ffiniau hyder 95% ar gyfer y gwahaniaeth rhwng gwir fasau'r ddau wrthrych. (4)

5. (1991) Cymedr yr amserau a gymerwyd gan 125 o weithwyr i gwblhau tasg benodol gan ddefnyddio dull A oedd 30.2 munud a'u gwyriad safonol oedd 2.2 munud. Cymedr yr amserau a gymerwyd gan 100 o weithwyr gan ddefnyddio dull B oedd 29.8 munud a'u gwyriad safonol oedd 2.9 munud. Cyfrifwch ffiniau hyder 95% bras ar gyfer y gwahaniaeth rhwng amserau cymedrig y ddau ddull o gwblhau'r dasg. Nodwch, gan roi rheswm, a fyddech yn casglu bod un dull yn gyflymach, ar gyfartaledd, na'r dull arall, ai peidio. (4)

Mae angen darganfod cyfwng hyder 95% ar gyfer y gwahaniaeth rhwng amserau cymedrig y ddau ddull gyda lled o lai nag 1 munud. Os yw n o weithwyr yn defnyddio dull A ac n o weithwyr eraill yn defnyddio dull B, darganfyddwch werth lleiaf n sy'n bodloni'r angen. Cymerwch fod gan yr amserau ddosraniad normal a bod y gwyriadau safonol sampl a roddir uchod yn wir werthoedd y boblogaeth. (5)

6. (1992) Mae gan ddiamedrau pelferynnau a fasgynhyrchir ddosraniad normal gyda chymedr μ mm a gwyriad safonol 0.03 mm. Diamedrau hapsampl o 9 pelferyn (mewn mm) oedd: 5.01, 5.03, 4.96, 4.91, 4.96, 5.06, 5.02, 4.94, 4.93

Cyfrifwch ffiniau hyder 95% ar gyfer μ. (3)

Amcangyfrif cyfwng ar gyfer paramedr

7. (1992) Gwneir siocledi gyda chnau almon neu gashiw yn y canol. Gadewch i gyfran y siocledi gyda chnau almon yn y canol fod yn θ. Mewn hapsampl o 100 o siocledi cafwyd bod gan 70 ohonynt gnau almon yn y canol. Ysgrifennwch amcangyfrif diduedd, p, ar gyfer θ a chyfrifwch amcangyfrif ar gyfer cyfeiliornad safonol p. A bwrw bod dosraniad samplu p bron yn normal, cyfrifwch ffiniau hyder 95% ar gyfer θ. (5)

8. (1994) Pan fesurir lefel yr alcohol μ (mewn mg/100ml) mewn sbesimen o waed, mae'r canlyniad a geir yn hapnewidyn sydd â dosraniad normal gyda chymedr μ a gwyriad safonol 2.

(a) Roedd 6 mesuriad o lefel yr alcohol mewn sbesimen fel a ganlyn:
$$70.3,\ 72.9,\ 69.6,\ 70.8,\ 67.2,\ 72.5.$$
Cyfrifwch ffiniau hyder 95% ar gyfer gwerth μ yn y sbesimen hwn. (4)

(b) Gwnaethpwyd 6 mesuriad o lefel yr alcohol mewn ail sbesimen. Cymedr y sampl oedd 72.9. Cyfrifwch ffiniau hyder 95% ar gyfer y gwahaniaeth rhwng lefelau'r alcohol yn y ddau sbesimen.

(c) Mae technegydd yn credu bod y ddau sbesimen hyn wedi dod o'r un ffynhonnell. Rhowch sylwadau byr ar y farn hon. (1)

9. (1995) Gwnaethpwyd y saith arsylw canlynol o hapnewidyn X sydd â dosraniad normal gyda chymedr anhysbys μ a gwyriad safonol 0.3.
$$14.3,\ 15.1,\ 14.9,\ 14.8,\ 14.4,\ 14.9,\ 14.5$$
Cyfrifwch ffiniau hyder 99% ar gyfer μ. (4)

10. (1995) Mesurwyd pwysau geni (x kg) pob baban mewn hapsamplau o fabanod a aned mewn dwy wlad wahanol a chafwyd y canlyniadau a ganlyn.

Gwlad A : maint y sampl = 100; $\Sigma x = 340.2$; $\Sigma x^2 = 1238.42$

Gwlad B : maint y sampl = 120; $\Sigma x = 335.7$; $\Sigma x^2 = 1015.75$.

Cyfrifwch ffiniau hyder bras ar gyfer y gwahaniaeth rhwng pwysau geni cymedrig babanod a aned yn y ddwy wlad. (7)

11. (1996) Mewn arolwg a wnaethpwyd ymhlith myfyrwyr ar eu blwyddyn gyntaf mewn prifysgol fawr, mynegodd 242 o fyfyrwyr allan o hapsampl o 400 foddhad gyda'r cyfleusterau a ddarperid gan Undeb y Myfyrwyr. Cyfrifwch ffiniau hyder 95% bras ar gyfer cyfran y myfyrwyr blwyddyn gyntaf oedd yn fodlon gyda'r cyfleusterau a ddarperid gan Undeb y Myfyrwyr. (4)

12. (1996) Mae gwneuthurwr bwyd yn cynhyrchu nifer mawr o duniau o sardîns, gan nodi bod pwysau cymedrig eu cynnwys yn 80 g. Mesurwyd pwysau, x g, cynnwys pob un o hapsampl o 121 o duniau o sardiniaid a chyfrifwyd y canlyniadau a ganlyn:
$$\Sigma x = 9716.3\ ;\ \Sigma x^2 = 780346.09$$

(a) Cyfrifwch amcangyfrif diduedd ar gyfer amrywiant pwysau cynnwys y tuniau a gynhyrchir gan y gwneuthurwr. (2)

(b)(i) Cyfrifwch ffiniau hyder 90% bras ar gyfer pwysau cymedrig cynnwys y tuniau a gynhyrchir gan y gwneuthurwr. (3)

(ii) Nodwch, gan roi rheswm, a oedd angen cymryd yn ganiataol fod gan bwysau'r tuniau ddosraniad normal. (1)

(c) Nodwch, gan roi rheswm, a yw eich canlyniadau yn gyson â'r pwysau cymedrig a nodir, sef 80 g. (1)

13. (A3 1997) Mae gwyddonydd yn defnyddio offeryn penodol i fesur gwerth pH hydoddiant. Gellir cymryd bod y darlleniad a gaiff yn hapnewidyn wedi ei ddosrannu'n normal gyda'r cymedr yn hafal i'r gwir werth pH a'r gwyriad safonol yn 0.12. Mae'n gwneud pum mesuriad ar hydoddiant penodol a chaiff y canlyniadau canlynol.

$$6.22, 6.48, 6.36, 6.41, 6.30$$

Cyfrifwch gyfwng hyder 95% ar gyfer gwir werth pH yr hydoddiant. (4)

14. (S2 1997) Gadewch i θ ddynodi'r tebygolrwydd bod triniaeth newydd yn iacháu claf sy'n dioddef anhwylder penodol. Gweinwyd y driniaeth ar hapsampl o 100 claf ac fe iachawyd 80 ohonynt.

(a) Ysgrifennwch amcangyfrifyn diduedd ar gyfer θ. (1)

(b) Cyfrifwch amcangyfrif o wyriad safonol eich ateb i (a). (2)

(c) Trwy hynny, darganfyddwch ffiniau hyder 90% ar gyfer θ. (2)

15. (A3 1998) Cofnodwyd yr amser, x eiliad, a gymer pob un o sampl o 150 merch dair ar ddeg oed i redeg 400 m a chafwyd y canlyniadau canlynol.

$$\sum x = 1038.0, \quad \sum x^2 = 722481.44$$

Gellir tybio bod yr amseroedd a gymer y merched tair ar ddeg oed i redeg 400 m wedi eu dosrannu'n normal gyda chymedr μ eiliad a gwyriad safonol σ eiliad.

(a) Cyfrifwch amcangyfrif diduedd ar gyfer σ^2. (2)

(b) Cyfrifwch gyfwng hyder 95% bras ar gyfer μ. (3)

(c) Awgrymodd gwyddonydd chwaraeon o flaen llaw mai 68.5 oedd gwerth μ. Nodwch, gan roi rheswm, a yw'r canlyniadau hyn yn cefnogi'r awgrym hwn ai peidio. (1)

16. (S2 1998) Mae'r hydoedd, mewn metrau, o liain mewn rholiau a gynhyrchir gan wneuthurwr arbennig wedi eu dosrannu'n normal gyda chymedr μ a gwyriad safonol 0.08. Dyma oedd hydoedd, mewn metrau, hapsampl o 5 rholyn:

$$50.09, 49.96, 49.92, 50.12, 50.01$$

Cyfrifwch gyfwng hyder 95% ar gyfer μ. (4)

Amcangyfrif cyfwng ar gyfer paramedr

17. (A3 1999) Dewiswyd hapsamplau o gŵn benywaidd a gwrywaidd o fath arbennig. Cafodd pob ci ei bwyso (mewn cilogramau) a chafwyd y canlyniadau canlynol.

   Cŵn gwryw: Maint y sampl = 100, cymedr = 20.84, amrywiant = 4.36

   Cŵn benyw: Maint y sampl = 80, cymedr = 19.61, amrywiant = 3.92

(a) Cyfrifwch ffiniau hyder 90% bras ar gyfer y gwahaniaeth rhwng pwysau cymedrig cŵn gwrywaidd a benywaidd y math arbennig hwn. (4)

(b) Rhowch reswm pam nad oedd rhaid cymryd bod y pwysau wedi eu dosrannu'n normal. (1)

18. (S2 1999) Mewn arbrawf ar raddfa fawr i gymharu dau ddiet A a B, dilynodd 100 person ddiet A a dilynodd 80 ddiet B am un mis. Drwy arsylwi'r pwysau a gollwyd, cyfrifwyd bod amcangyfrifon diduedd o gymedr ac amrywiant faint o bwysau a gollwyd gan y bobl a ddilynodd ddiet A am fis yn 2.97 kg ac 1.62 kg^2, yn y drefn honno. Yr amcangyfrifon cyfatebol ar gyfer y bobl a ddilynodd ddiet B am fis oedd 2.31 kg ac 1.55 kg^2.

(a) Cyfrifwch gyfwng hyder 99% bras ar gyfer y gwahaniaeth rhwng cymedrau'r pwysau a gollwyd ar y ddau ddiet. Nodwch ddwy dybiaeth a wnaethoch. (7)

(b) Nodwch, gyda rheswm, pa ddiet y byddech yn ei awgrymu. (1)

Profi rhagdybiaethau 2

Pennod 4

Profi rhagdybiaethau 2

Cyflwyniad

Yn y bennod hon rydym yn estyn y dull o brofi rhagdybiaethau a gyflwynwyd ym Mhennod 3 llyfr S2 i brofi (i) gwerth penodol ar gyfer cymedr dosraniad (nid dosraniad normal o reidrwydd) o gael sampl mawr a (ii) gwahaniaeth penodol rhwng cymedrau dau ddosraniad. Cymerir yn ganiataol eich bod yn gyfarwydd â'r derminoleg ganlynol a gyflwynwyd yn gynharach:

rhagdybiaethau nwl ac arall, ystadegyn prawf, rhanbarth critigol, gwerth p, a lefel arwyddocâd.

4.1 Gwerth p

4.1.1 Gwerth p bras wrth brofi cymedr dosraniad

Gadewch i X ddynodi hapnewidyn sydd â dosraniad anhysbys. Gadewch i μ ddynodi ei gymedr a σ^2 ei amrywiant. Defnyddir hapsampl o n arsylw o X i brofi'r rhagdybiaeth nwl $H_0: \mu = \mu_0$. A bwrw bod n yn ddigon mawr i gyfiawnhau defnyddio Theorem y Terfyn Canol (Adran 1.3.2). Fel a wnaethom yn Adran 3.3.1 gallwn amcangyfrif dosraniad cymedr y sampl $\overline{X}$ drwy ddefnyddio'r dosraniad normal sydd â chymedr μ ac amrywiant σ^2/n. Felly, drwy gymryd bod H_0 yn wir, mae

$$\overline{X} \approx N(\mu_0, \sigma^2/n)$$

Os nad yw σ yn hysbys yna, fel a wnaethom yn Adran 3.3.1, gallwn gyflwyno'r amcangyfrif pellach drwy amnewid σ^2 gyda'i amcangyfrif diduedd s^2, fel bod

$$\overline{X} \approx N(\mu_0, s^2/n) \qquad (1)$$

Gadewch i $\overline{x}$ ddynodi gwerth dan sylw $\overline{X}$.

Achos A: Profi $H_0: \mu = \mu_0$ yn erbyn $H_1: \mu > \mu_0$

Yn yr achos hwn, bydd gwerth eithafol o $\overline{X}$ yn un sy'n fwy na μ_0 fel bod

$$\text{gwerth p} = P(\overline{X} \geq \overline{x}) \cong P\left[Z > \frac{\overline{x} - \mu_0}{\text{ESE}(\overline{X})}\right],$$

lle mae $\text{ESE}(\overline{X}) = s/\sqrt{n}$ yn cynrychioli amcangyfrifyn o gyfeiliornad safonol $\overline{X}$.

Profi rhagdybiaethau 2

Achos B: Profi $H_0: \mu = \mu_0$ yn erbyn $H_1: \mu < \mu_0$

Yn yr achos hwn, mae

$$\text{gwerth p} = P(\overline{X} \leq \overline{x}) \cong P\left[Z \leq \frac{\overline{x} - \mu_0}{\text{ESE}(\overline{X})}\right]$$

Achos C: Profi $H_0: \mu = \mu_0$ yn erbyn $H_1: \mu \neq \mu_0$.

Yn yr achos hwn

(a) os yw $\overline{x} > \mu_0$ mae gwerth p = $2 \times P(\overline{X} \geq \overline{x}) \cong 2 \times P\left[Z \geq \frac{\overline{x} - \mu_0}{\text{ESE}(\overline{X})}\right]$

(b) os yw $\overline{x} < \mu_0$ mae gwerth p = $2 \times P(\overline{X} \leq \overline{x}) \cong 2 \times P\left[Z \leq \frac{\overline{x} - \mu_0}{\text{ESE}(\overline{X})}\right]$

Enghraifft 1

Mae brand arbennig o fylbiau golau trydan wedi eu cynllunio fel bod hyd oes cymedrig y bylbiau yn 1200 awr. Amheuir bod swp mawr penodol o'r bylbiau yn is na'r safon yn y ffaith bod hyd oes cymedrig y bylbiau yn y swp yn llai na 1200 awr. Hyd oes cymedrig 50 o fylbiau a hapddewiswyd o'r swp oedd 1150 awr a'r gwyriad safonol oedd 150 awr. Nodwch ragdybiaeth nwl a rhagdybiaeth arall priodol a darganfyddwch werth p bras ar gyfer canlyniadau'r sampl. Nodwch eich casgliad am y swp dan amheuaeth.

Datrysiad

Gadewch i hyd oes cymedrig y bylbiau yn y swp dan amheuaeth fod yn μ awr. Gan ein bod yn ceisio darganfod a yw'r swp yn is na'r safon, y prawf priodol yw

$H_0 : \mu = 1200$ yn erbyn $H_1 : \mu < 1200$ (is na'r safon)

A bwrw bod 50 yn ddigon mawr i Theorem y Terfyn Canol fod yn ddilys, mae dosraniad samplu cymedr y sampl bron yn normal gyda chymedr μ awr. Cymerir hefyd bod maint y sampl yn ddigon mawr i ddefnyddio gwyriad safonol y sampl fel brasamcan da ar gyfer gwyriad safonol y boblogaeth. Gyda'r tybiaethau hyn, gellir defnyddio $N(\mu, 150^2/50) = N(\mu, 450)$ fel brasamcan ar gyfer dosraniad samplu cymedr y sampl $\overline{X}$.

Gan fod gwerth dan sylw $\overline{X}$ yn $\overline{x} = 1150$,

mae gwerth p = $P(\overline{X} \leq 1150$ pan fo $\mu = 1200)$

$\cong P\left(Z \leq \dfrac{1150 - 1200}{\sqrt{450}}\right)$

$\cong P(Z \leq -2.36) \approx 0.009.$

Mae'r gwerth p yn ddigon bach i gasglu bod tystiolaeth gref iawn dros wrthod H_0 ac, felly, bod y swp yn is na'r safon.

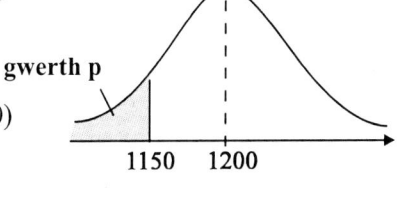

Enghraifft 2

Dangosodd cofnodion am heddweision mewn awdurdod heddlu penodol ym 1985 fod eu taldra cymedrig yn 185 cm. Gofynnwyd a oedd taldra cymedrig heddweision yn yr awdurdod ym 1995 yn wahanol i'r taldra ym 1985. Er mwyn ateb y cwestiwn hwn, mesurwyd taldra, mewn cm, hapsampl o 60 heddwas yn yr awdurdod ym 1995. Dadansoddwyd y canlyniadau a chafwyd amcangyfrifon diduedd ar gyfer cymedr ac amrywiant y boblogaeth, sef 182.5 a 22.64, yn ôl eu trefn. Defnyddiwch brawf priodol i ateb y cwestiwn a ofynnwyd.

Datrysiad

Gadewch i μ cm ddynodi taldra cymedrig yr heddweision yn yr awdurdod ym 1995. Y rhagdybiaeth nwl a'r rhagdybiaethau arall priodol yw :

$H_0 : \mu = 185$ (dim newid) yn erbyn $H_1 : \mu \neq 185$ (newid)

A bwrw bod 60 yn ddigon mawr i Theorem y Terfyn Canol fod yn ddilys ac i amcangyfrif diduedd y sampl ar gyfer amrywiant y boblogaeth fod yn rhesymol agos at y gwir werth, mae dosraniad samplu taldra cymedrig y sampl $\overline{X}$ o 60 heddwas tua $N(\mu, 22.64/60)$. Gan fod H_1 yn ddwyochrog a chan fod gwerth dan sylw $\overline{X}$ yn $\overline{x} = 182.5$ ac yn < 185,

$$y \text{ gwerth } p = 2P(\overline{X} \leq 182.5 \text{ pan fo } \mu = 185)$$
$$= 2P\left(Z \leq \frac{182.5 - 185}{\sqrt{22.64/60}}\right)$$
$$\cong 2P(Z \leq -4.07)$$

O Dabl 3, ceir bod $P(Z \leq -4.07)$ yn llai na 0.00003, ac felly mae'r gwerth p yn llai na 0.00006, sy'n eithriadol o fychan ac yn darparu tystiolaeth ddigamsyniol yn erbyn H_0. Gellir casglu yn hyderus iawn, felly, fod y taldra cymedrig ym 1995 yn llai na'r taldra cymedrig ym 1985.

Ymarfer 4.1a

1. Honnir bod gan fath arbennig o fatri a ddefnyddir mewn cyfrifianellau hyd oes gweithredol cymedrig o 2000 awr. Rhoddodd profion ar hapsampl o 200 o'r batrïau hyn hyd oes gweithredol cymedrig o 1997 awr a gwyriad safonol 25.5 awr. Profwch y rhagdybiaeth bod yr honiad yn gywir yn erbyn y rhagdybiaeth arall bod hyd oes gweithredol cymedrig batrïau o'r fath yn llai na 2000 awr.

2. Mae cyfanwerthwr ffrwythau yn dweud bod pwysau cymedrig y clymau o fananas a gyflenwir ganddo yn 800 gram. Mae adwerthwr yn pwyso hapsampl o 80 clwm ac yn cyfrifo bod yr amcangyfrifon diduedd ar gyfer cymedr ac amrywiant pwysau clymau o'r

Profi rhagdybiaethau 2

fath yn 779 gram a 6400 gram². Profwch y rhagdybiaeth fod pwysau cymedrig y clymau yn 800 gram yn erbyn y rhagdybiaeth arall eu bod yn llai nag 800 gram.

3. Roedd màs (x gram) y te mewn 300 pecyn wedi ei drefnu fel bod $\Sigma x = 39600$ a $\Sigma x^2 = 5231984$. Profwch y rhagdybiaeth fod màs cymedrig y pecynnau o de yn 133 gram yn erbyn yn erbyn y rhagdybiaeth arall nad ydyw.

4. Mae gwneuthurwr yn honni bod gan gortynnau neilon a gynhyrchir ganddo gryfder torri cymedrig o 18 uned. Cafwyd hapsampl o 200 o gortynnau o'r fath a'r amcangyfrifon diduedd ar gyfer cymedr ac amrywiant cryfder torri y boblogaeth oedd 17.9 a 2.25, yn ôl eu trefn. Profwch yr honiad.

5. Cynhaliodd ymchwilydd meddygol arbrawf i brofi a fyddai cyffur newydd yn rhoi gollyngdod hwy rhag poen na'r cyffur safonol a ddefnyddir ar hyn o bryd. Rhoddwyd y ddau gyffur ar adegau gwahanol i bob un o 100 o gleifion. Ar gyfer pob claf, cadwyd cofnod o w = x − y, lle mae x awr yn dynodi hyd y gollyngdod rhag poen gyda'r cyffur newydd ac y awr oedd y gollyngdod gyda'r cyffur a ddefnyddir ar hyn o bryd. Oddi wrth y 100 gwerth a gafwyd ar gyfer w, gwelwyd bod $\Sigma w = 180$ a $\Sigma w^2 = 10324$. Cynhaliwch brawf a nodwch eich casgliad.

6. Gwnaeth ymchwilydd arolwg ar weithiau gan lenor arbennig a darganfod bod nifer cyfartalog y geiriau ym mhob brawddeg yn 31.5. Mae'r ymchwilydd yn amau mai'r llenor hwn yw awdur erthygl a gyhoeddwyd yn ddienw. Darganfu'r ymchwilydd bod nifer cymedrig y geiriau mewn 80 brawddeg yn yr erthygl yn 34 a'r gwyriad safonol yn 6.8 gair. Pa gasgliad y dylai'r ymchwilydd ei wneud?

7. Honnir bod màs cymedrig y siwgr mewn bagiau o siwgr yn 1 kg. Cymerwyd hapsampl o 50 bag o siwgr ac roedd masau (x kg) y siwgr a gafwyd wedi eu trefnu fel bod $\Sigma x = 49.5$ a $\Sigma x^2 = 49.04$. Cynhaliwch brawf i benderfynu a yw'r sampl yn darparu digon o dystiolaeth i gasglu bod màs cymedrig y siwgr ym mhob bag yn wahanol i 1 kg.

8. Cwynodd siopwr bod pwysau cyfartalog rhai pecynnau o fisgedi y mae'n eu prynu gan gyfanwerthwr yn llai na'r pwysau a nodir, sef 227 gram. Pwysodd y siopwr 100 o becynnau a darganfu fod eu pwysau cymedrig yn 226.8 gram a bod eu gwyriad safonol yn 0.72 gram. Penderfynwch a oes sail i gŵyn y siopwr.

4.1.2 Profi gwahaniaeth rhwng cymedrau dau ddosraniad

Gadewch i X ac Y ddynodi dau hapnewidyn annibynnol sydd â dosraniad normal gyda chymedrau μ_X, μ_Y a gwyriadau safonol σ_X, σ_Y, yn ôl eu trefn. Ystyriwch brofi bod $H_0 : \mu_X - \mu_Y = \delta$ ar gyfer rhyw werth penodol ar gyfer δ. Achos o bwys mawr yw'r un lle mae $\delta = 0$, er mwyn profi a yw μ_X a μ_Y yn hafal. Gadewch i $\overline{X}$ ac $\overline{Y}$, yn ôl eu trefn, ddynodi cymedrau hapsamplau o n_X arsylw o X ac n_Y arsylw o Y. O Adran 3.2 gwyddom fod gan $\overline{X} - \overline{Y}$ ddosraniad normal gyda chymedr $\mu_X - \mu_Y$ a chyfeiliornad safonol

$$SE(\overline{X} - \overline{Y}) = \sqrt{\left(\frac{\sigma_X^2}{n_X} + \frac{\sigma_Y^2}{n_Y}\right)} \qquad (1)$$

Dynodir gwerthoedd dan sylw $\overline{X}$ ac $\overline{Y}$ gan $\overline{x}$ ac $\overline{y}$, yn ôl eu trefn.

ACHOS A : $H_0 : \mu_X - \mu_Y = \delta$ yn erbyn $H_1 : \mu_X - \mu_Y < \delta$.
Yn yr achos hwn ni ddylid gwrthod H_0 a dewis H_1 oni bai fod $\overline{x} - \overline{y}$ yn fach o'i gymharu â δ.
Felly, mae'r gwerth p = $P(\overline{X} - \overline{Y} \leq \overline{x} - \overline{y}$ pan fo H_0 yn wir)

$$= P\left(Z \leq \frac{\overline{x} - \overline{y} - \delta}{SE(\overline{X} - \overline{Y})}\right) \qquad (2)$$

ACHOS B : $H_0 : \mu_X - \mu_Y = \delta$ yn erbyn $H_1 : \mu_X - \mu_Y > \delta$.
Yn yr achos hwn
mae'r gwerth p = $P(\overline{X} - \overline{Y} \geq \overline{x} - \overline{y}$ pan fo H_0 yn wir)

$$= P\left(Z \geq \frac{\overline{x} - \overline{y} - \delta}{SE(\overline{X} - \overline{Y})}\right) \qquad (3)$$

ACHOS C : $H_0 : \mu_X - \mu_Y = \delta$ yn erbyn $H_1 : \mu_X - \mu_Y \neq \delta$.
Yn yr achos hwn dylid gwrthod H_0 os yw $\overline{x} - \overline{y}$ yn fawr neu'n fach o'i gymharu â δ.
(a) Os yw $\overline{x} - \overline{y} < \delta$,

$$\text{mae'r gwerth p} = 2P\left(\overline{X} - \overline{Y} \leq \frac{\overline{x} - \overline{y} - \delta}{SE(\overline{X} - \overline{Y})}\right) \qquad (4a)$$

(b) Os yw $\overline{x} - \overline{y} > \delta$,

$$\text{mae'r gwerth p} = 2P\left(\overline{X} - \overline{Y} \geq \frac{\overline{x} - \overline{y} - \delta}{SE(\overline{X} - \overline{Y})}\right) \qquad (4b)$$

Enghraifft 1

Mae gan gwmni ddau beiriant llifanu trachywir, A a B, sy'n cynhyrchu rhodenni silindrog gyda diamedr cymedrig 2.500 cm. Mae gan ddiamedrau'r rhodenni a gynhyrchir ar beiriant A ddosraniad normal gyda gwyriad safonol 0.01 cm ac mae gan ddiamedrau'r rhodenni a gynhyrchir ar beiriant B ddosraniad normal gyda gwyriad safonol 0.015 cm. Mae cyfansoddiad y dur a geir gan gyflenwr y cwmni yn newid rhywfaint. Roedd gan hapsamplau o 10 rhoden a gynhyrchwyd ar beiriannau A a B ddiamedrau cymedrig o 2.535 cm a 2.552 cm, yn ôl eu trefn. A bwrw nad yw gwyriadau safonol diamedrau'r rhodenni wedi newid, profwch y rhagdybiaeth y bydd y diamedrau cymedrig a gynhyrchir ar y ddau beiriant dal yn hafal.

Datrysiad

Gadewch i X ac Y, yn ôl eu trefn, ddynodi diamedrau rhodenni a hapddewiswyd o beiriannau A a B, a gadewch i μ_X a μ_Y ddynodi cymedrau X ac Y. Mae angen profi

$$H_0 : \mu_X = \mu_Y \text{ yn erbyn } H_1 : \mu_X \neq \mu_Y.$$

Gadewch i $\overline{X}$ ac $\overline{Y}$ ddynodi cymedrau'r sampl. Gan fod $X \sim N(\mu_X, 0.01^2)$, a bod $Y \sim N(\mu_Y, 0.015^2)$, mae'n dilyn fod $\overline{X} \sim N(\mu_X, 0.01^2/10)$, a bod $\overline{Y} \sim N(\mu_Y, 0.015^2/10)$, a chan fod y rhain yn annibynnol, mae'n dilyn o (1) uchod bod gan $\overline{X} - \overline{Y}$ ddosraniad normal gyda chymedr $\mu_X - \mu_Y$ a chyfeiliornad safonol

$$SE(\overline{X} - \overline{Y}) = \sqrt{\left(\frac{0.01^2}{10} + \frac{0.015^2}{10}\right)} \cong 0.0057.$$

Gwerth dan sylw $\overline{X} - \overline{Y} = 2.535 - 2.552 = -0.017$. Gan fod hwn yn llai na sero a chan fod H_1 yn ddwyochrog, o (4a) uchod gyda $\delta = 0$, ceir

$$\text{y gwerth p} = 2P\left(Z \leq -\frac{0.017}{0.0057}\right) \approx 2P(Z \leq -2.98)$$

$$\cong 2 \times 0.00144 \cong 0.0029.$$

Trwy hyn, mae tystiolaeth gref iawn dros wrthod H_0, a gellir casglu bod $\mu_Y > \mu_X$. Hynny yw, gyda chyfansoddiad newydd y dur, mae diamedr cymedrig y rhodenni a gynhyrchir ar beiriant B yn fwy na diamedr cymedrig y rhodenni a gynhyrchir ar beiriant A.

Gellir defnyddio hefyd y canlyniadau cyffredinol a roddwyd uchod i ddarganfod gwerthoedd-p bras pan nad yw'n hysbys bod y dosraniadau yn normal cyn belled â bod meintiau'r samplau yn fawr. Ar ben hynny, a chyn belled â bod meintiau'r samplau yn fawr, gellir hefyd cael brasamcan ar gyfer $SE(\overline{X} - \overline{Y})$, sef

$$ESE(\overline{X} - \overline{Y}) = \sqrt{\left(\frac{s_X^2}{n_X} + \frac{s_Y^2}{n_Y}\right)} \tag{5}$$

lle mae s_X^2 ac s_Y^2 yn dynodi amcangyfrifon diduedd y samplau ar gyfer σ_X^2 ac σ_Y^2, yn ôl eu trefn.

Defnyddir y brasamcanion hyn yn yr enghraifft ganlynol.

Enghraifft 2

Mae gwneuthurwr offer trydanol yn swmp brynu cydrannau. Mae dau gyflenwr posibl, sef A a B, ar gyfer math arbennig o gydran y mae ar y gwneuthurwr ei angen. Gan fod y

Profi rhagdybiaethau 2

cydrannau gan A yn ddrutach na'r rhai gan B, penderfynodd y gwneuthurwr na fyddai'n prynu gan A oni bai fod hyd oes cymedrig cydrannau A dros 200 awr yn hwy na hydoedd rhai B. Rhoddodd hydoedd oes, mewn oriau, hapsampl o 80 cydran a gynhyrchwyd gan A amcangyfrifon diduedd ar gyfer cymedr ac amrywiant yr hydoedd oes yn hafal i 1258 ac 8836, yn ôl eu trefn. Rhoddodd hydoedd oes, mewn oriau, hapsampl o 60 cydran a gynhyrchwyd gan B amcangyfrifon diduedd ar gyfer cymedr ac amrywiant yr hydoedd oes yn hafal i 1029 a 4624, yn ôl eu trefn. Cynhaliwch brawf i gynghori'r gwneuthurwr pa gyflenwr y dylai ei ddefnyddio.

Datrysiad

Gadewch i μ_A a μ_B ddynodi hydoedd oes cymedrig, mewn oriau, cydrannau a gynhyrchir gan A a B, yn ôl eu trefn. Gan fod y gwneuthurwr am benderfynu a yw $\mu_A - \mu_B$ yn fwy na 200, y rhagdybiaeth nwl a'r rhagdybiaeth arall priodol yw

$$H_0 : \mu_A - \mu_B = 200 \quad \text{ac} \quad H_1 : \mu_A - \mu_B > 200.$$

Gan fod $n_A = 80$, $\bar{x}_A = 1258$, $s_A^2 = 8836$ a chan fod $n_B = 60$, $\bar{x}_B = 1029$, $s_B^2 = 4624$, mae'n dilyn oddi wrth (5) uchod mai cyfeiliornad safonol amcangyfrifedig $\bar{X}_A - \bar{X}_B$ yw

$$\text{ESE}(\bar{X}_A - \bar{X}_B) = \left(\frac{8836}{80} + \frac{4624}{60}\right)^{\frac{1}{2}} \cong 13.6937.$$

Felly, trwy ddefnyddio (3) uchod ceir

$$y \text{ gwerth } p \cong P(\bar{X}_A - \bar{X}_B \geq \bar{x}_A - \bar{x}_B \text{ pan fydd } H_0 \text{ yn wir})$$

$$\cong P\left(Z \geq \frac{1258 - 1029 - 200}{13.6937}\right) \cong P(Z \geq 2.12) \cong 0.017$$

Felly, mae'r samplau yn darparu tystiolaeth gref yn erbyn H_0 ac felly yr argymhelliad i'r gwneuthurwr yw prynu'r cydrannau gan A.

Ymarfer 4.1b

1. Mae angen profi $H_0 : \mu_1 = \mu_2$ yn erbyn $H_1 : \mu_1 \neq \mu_2$, lle mae μ_1 a μ_2 yn cynrychioli cymedrau dosraniadau normal annibynnol gydag amrywiannau 24.86 a 12.42, yn ôl eu trefn. Cymedr hapsampl o 25 arsylw o'r dosraniad cyntaf oedd $\bar{x}_1 = 80.9$, a chymedr hapsampl o 36 arsylw o'r ail ddosraniad oedd $\bar{x}_2 = 78.4$. Cynhaliwch y prawf a nodwch eich casgliad.

2. Cymedr hapsampl o 12 arsylw o $N(\mu_X, 16)$ oedd 45.82, a chymedr hapsampl o 20 arsylw o $N(\mu_Y, 24)$ oedd 42.75. Profwch $H_0 : \mu_X = \mu_Y$ yn erbyn $H_1 : \mu_X > \mu_Y$.

Profi rhagdybiaethau 2

3. Mae Jim a John yn aelodau brwd o Gymdeithas Tyfu Winwyn Aberponty, ac mae'r ddau yn honni mai ef sy'n tyfu'r winwyn mwyaf. Er mwyn profi eu honiadau, mae ysgrifennydd y Gymdeithas yn rhoi 12 hedyn winionyn yr un iddynt ar ddechrau'r tymor ac maent yn plannu'r rhain yn eu gerddi. Ar ddiwedd y tymor mae gan Jim 12 winionyn a chyfanswm eu pwysau yw 13.25 kg. Cafodd John anffawd gydag un winionyn ac ar ddiwedd y tymor mae ganddo 11 a chyfanswm eu pwysau yw 12.69 kg. Mae'r ysgrifennydd yn gwybod o brofiad, yn annibynnol ar y pwysau cymedrig, fod gan bwysau winwyn ddosraniad normal gyda gwyriad safonol 0.05 kg.

Defnyddiwch y data i benderfynu pa un o'r ddau sy'n tyfu'r winwyn mwyaf ar gyfartaledd.

4. Honnwyd bod merched yn perfformio'n well, ar gyfartaledd, na bechgyn mewn arholiad Ystadegaeth. Cafwyd hapsamplau o 60 o ferched ac 80 o fechgyn a safodd arholiad Ystadegaeth ac roedd marciau'r merched (x) a marciau'r bechgyn (y) yn gyfryw fel bod

$$\Sigma x = 3054, \Sigma x^2 = 157572 \,; \; \Sigma y = 3844, \Sigma y^2 = 189760.$$

Profwch a ellir cyfiawnhau'r honiad ar sail y canlyniadau hyn.

5. Er mwyn cymharu cyflymdra perfformio tasg benodol gan ddefnyddio dau ddull gwahanol, sef A a B, perfformiwyd y dasg gan 120 o ddynion yn defnyddio dull A a chan 146 o ddynion yn defnyddio dull B. Roedd yr amserau (x munud) a gymerwyd gan ddynion yn defnyddio dull A a'r amserau (y munud) a gymerwyd gan ddynion yn defnyddio dull B yn gyfryw fel bod

$$\bar{x} = 17.1, \Sigma(x - \bar{x})^2 = 320 \,; \; \bar{y} = 17.4, \Sigma(y - \bar{y})^2 = 178.$$

Cyfrifwch gyfeiliornad safonol amcangyfrifedig y gwahaniaeth rhwng cymedrau'r ddau sampl.

Darganfyddwch a ellir honni fod unrhyw un o'r dulliau'n gyflymach na'r llall, ar gyfartaledd.

6. Cwynodd llefarydd ar ran yr undeb wrth gwmni A fod labrwyr yno yn ennill cyflogau is ar gyfartaledd na labrwyr oedd yn gweithio i gwmni B. Roedd gan gyflogau wythnosol hapsampl o 50 o labrwyr yn gweithio i gwmni A gymedr o £112.20 a gwyriad safonol o £8.80, ac roedd gan gyflogau hapsampl o 50 o labrwyr yn gweithio i gwmni B gymedr o £114.70 a gwyriad safonol o £5.20.

Profwch a ellir cyfiawnhau'r honiad a wnaed gan lefarydd yr undeb.

7. Honnwyd bod y cyflog cyfartalog a delir i athrawon mewn ysgolion annibynnol dros £2400 y flwyddyn yn fwy na'r cyflogau a delir i athrawon yn ysgolion y wladwriaeth.

Profi rhagdybiaethau 2

Rhoddodd cyflogau (mewn miloedd o bunnau) hapsampl o 50 o athrawon mewn ysgolion annibynnol amcangyfrifon diduedd ar gyfer cymedr ac amrywiant y boblogaeth yn hafal i 25.4 a 3.58, yn ôl eu trefn. Profwch y rhagdybiaeth bod y cyflogau cymedrig a delir i athrawon mewn ysgolion annibynnol dros £2400 yn fwy na'r cyflogau a delir i athrawon yn ysgolion y wladwriaeth yn erbyn y rhagdybiaeth arall bod y gwahaniaeth yn fwy na £2400.

8. Mae angen profi a yw taldra cymedrig dynion sy'n byw mewn sir arbennig 15 cm yn fwy na thaldra cymedrig menywod, yn erbyn y rhagdybiaeth arall bod y gwahaniaeth yn fwy na 15 cm. Mesurwyd taldra hapsampl o 100 o ddynion a chafwyd bod yr amcangyfrifon diduedd ar gyfer cymedr ac amrywiant y boblogaeth yn 178.1 cm a 25.12 cm^2. Mesurwyd taldra hapsampl o 100 o fenywod a chafwyd bod yr amcangyfrifon diduedd ar gyfer cymedr ac amrywiant y boblogaeth yn 164.2 cm a 15.91 cm^2. Cynhaliwch y prawf a nodwch eich casgliad.

9. Mewn ymchwiliad i effeithiolrwydd cwrs arbennig mewn darllen cyflym, cafodd grŵp o 500 o fyfyrwyr eu rhannu ar hap yn ddau grŵp cyfartal, A a B. Rhoddwyd y cwrs i'r myfyrwyr yng ngrŵp A ac ni roddwyd y cwrs i'r rhai yng ngrŵp B. Ar ddiwedd y cwrs, gofynnwyd i bob myfyriwr ddarllen yr un darn a mesurwyd yr amser a gymerwyd. Dyma gymedr ac amrywiant yr amserau a gymerwyd (mewn eiliadau) gan bob grŵp:

Grŵp A : cymedr 139.2 , amrywiant 10
Grŵp B : cymedr 144.7 , amrywiant 20

Profwch a yw'r cwrs yn effeithiol o ran lleihau yr amser darllen cymedrig gan fwy na 5 eiliad.

10. Cymharwyd dau fath o fatri o safbwynt hyd yr amser yr oeddent yn para. Rhoddir canlyniadau profion a gynhaliwyd ar samplau o'r ddau fath o fatri yn y tabl canlynol.

Math o fatri	Nifer a brofwyd	Cymedr y sampl	Gwyriad safonol y sampl
A	200	1995	25.5
B	150	2005	32.8

Gan nodi yn eglur unrhyw dybiaethau a wnewch, profwch a yw hydoedd cymedrig yr amserau yn hafal ar gyfer y ddau fath o fatri.

Profi rhagdybiaethau 2

4.2 Profi arwyddocâd

Cyflwyniad

Nawr ystyriwch y dull profi arwyddocâd gyda'r sefyllfaoedd a ystyriwyd yn Adran 4.1. Bydd y dull yn addasiad o'r hyn a roddwyd yn Adran 3.3 llyfr S2. Yn benodol, cofiwch mai diffiniad lefel arwyddocâd yw'r tebygolrwydd bod y rhagdybiaeth nwl yn cael ei gwrthod pan fo'n wir. Fel yn Adran 3.3 llyfr S2, mae dwy broblem i'w hystyried, sef:

(a) pennu lefel arwyddocâd rheol benderfynu a roddir,

(b) pennu rheol benderfynu os rhoddir lefel arwyddocâd benodol.

Cofiwch mai un ffordd o ymdrin â (b) yw cyfrifo gwerth p y sampl a gwrthod y rhagdybiaeth nwl dim ond os yw'n llai na'r lefel arwyddocâd a roddir. Dull arall yw cyfrifo'r gwerth z [arsylw o N (0,1)] a gwrthod y rhagdybiaeth nwl dim ond os yw yn y rhanbarth critigol ar gyfer y lefel arwyddocâd a roddir. Defnyddir y dull olaf hwn yn yr enghreifftiau a geir yn yr is-adrannau canlynol, ond mae'r dull cyntaf cystal ag ef; rydym eisoes wedi ymdrin â chyfrifo gwerth p sampl yn Adran 4.1.

4.2.1 Profi arwyddocâd cymedr dosraniad

Gadewch i X ddynodi hapnewidyn sydd â dosraniad anhysbys. Defnyddir sampl mawr o n arsylw o X i brofi'r rhagdybiaeth nwl $H_0: \mu = \mu_0$, lle mae $\mu = E(X)$. Yn ôl Theorem y Terfyn Canol, gellir amcangyfrif dosraniad samplu cymedr y sampl $\overline{X}$ drwy ddefnyddio dosraniad normal sydd â chymedr μ ac amrywiant bras s^2/n, lle mae s^2 yn cynrychioli amcangyfrif diduedd y sampl o Var(X). Felly, a bwrw bod H_0 yn wir, mae

$$\overline{X} \approx N(\mu_0, s^2/n)$$

neu, yn yr un modd, $\quad Z \equiv \dfrac{\overline{X} - \mu_0}{s/\sqrt{n}} \approx N(0,1)$.

Yna gallwn seilio ein penderfyniad ar y gwerth dan sylw canlynol

$$z = \frac{\overline{x} - \mu_0}{s/\sqrt{n}} \qquad (1)$$

lle mae $\overline{x}$ yn cynrychioli cymedr y sampl dan sylw.

Achos A: Profi $H_0: \mu = \mu_0$ yn erbyn $H_1: \mu > \mu_0$ gyda lefel arwyddocâd α.

Yn yr achos hwn, os yw H_1 yn wir, byddem yn disgwyl bod z a roddir yn (1) yn fawr ac yn bositif, felly'r penderfyniad yw gwrthod H_0 os yw'r z dan sylw yn $\geq z_\alpha$, lle mae gwerth z_α yn golygu bod $P(Z \geq z_\alpha) = \alpha$, a gellir darllen y gwerth hwn o Dabl 4.

Profi rhagdybiaethau 2

Achos B: Profi $H_0: \mu = \mu_0$ yn erbyn $H_1: \mu < \mu_0$ gyda lefel arwyddocâd α.
Drwy addasu'r uchod mewn ffordd amlwg, y penderfyniad yn yr achos hwn yw gwrthod H_0 os yw gwerth dan sylw z a roddir yn (1) yn $\leq -z_\alpha$.

Achos C: Profi $H_0: \mu = \mu_0$ yn erbyn $H_1: \mu \neq \mu_0$ gyda lefel arwyddocâd α.
Fel y gwelsom yn gynharach â rhagdybiaeth arall ddwyochrog, rhaid caniatáu ar gyfer y posibilrwydd, pan fo H_1 yn wir, y gall gwerth dan sylw z fod yn fawr ac yn bositif neu'n fawr ac yn negatif. Drwy addasu'r hyn a wnaethom yn Adran 3.3.1 llyfr S2, penderfynir gwrthod H_0 os yw gwerth **meintiol** z yn $\geq z_{\frac{1}{2}\alpha}$.

Fe gofiwch o Adran 3.3.1 mai

$$\bar{x} \pm z_{\frac{1}{2}\alpha} \times s/\sqrt{n}$$

yw'r ffiniau hyder $100(1-\alpha)\%$ bras ar gyfer μ.

Mae'n hawdd gwirio y caiff unrhyw μ_0 sydd y tu allan i'r cyfwng sydd â'r ffiniau hyn ei wrthod pan fo'r lefel arwyddocâd yn α. Nodwch hefyd bod hyn bob tro'n wir wrth brofi rhagdybiaeth nwl yn erbyn rhagdybiaeth arall ddwyochrog.

Enghraifft 1

Mae un o ymchwilwyr gwneuthurwr llinyn wedi honni pe bai math arbennig o orchudd yn cael ei roi ar linyn y byddai hyn yn cynyddu ei gryfder torri cymedrig o'i werth presennol sef 7.2 kg. Rhoddwyd y gorchudd ar hapsampl o 60 darn o linyn ac roedd eu cryfderau torri (x kg) yn bodloni'r hafaliadau canlynol

$$\sum x = 456 \quad \text{a} \quad \sum x^2 = 3540.$$

Defnyddiwch lefel arwyddocâd 5% i benderfynu a yw honiad yr ymchwilydd yn gywir ai peidio.

Datrysiad

Gadewch i μ kg ddynodi cryfder torri cymedrig darnau o linyn wedi eu gorchuddio. Rydym eisiau profi

$H_0: \mu = 7.2$ yn erbyn $H_1: \mu > 7.2$ gyda lefel arwyddocâd 0.05.

Gadewch i $\overline{X}$ kg ddynodi cryfder torri cymedrig hapsampl o 60 darn o'r llinyn. O'r canlyniadau a geir o'r sampl mae

$$\bar{x} = \frac{656}{60} = 7.4$$

ac mae amcangyfrif diduedd o amrywiant y cryfderau torri yn hafal i

$$s^2 = \frac{1}{59}\left(3540 - \frac{456^2}{60}\right) = 1.2610$$

Profi rhagdybiaethau 2

Gan dybio bod n = 60 yn ddigon mawr i gyfiawnhau (i) defnyddio Theorem y Terfyn Canol a (ii) cymryd bod s^2 yn agos i amrywiant y boblogaeth, cawn

$$\overline{X} \approx N(7.2, \frac{1 \cdot 2610}{60} = 0.0210) \quad \text{pan fo } H_0 \text{ yn wir.}$$

$$\Rightarrow \quad Z \equiv (\overline{X} - 7.2)/\sqrt{0 \cdot 0210} \approx N(0,1)$$

Gwerth dan sylw Z yw

$$z = \frac{7 \cdot 4 - 7 \cdot 2}{\sqrt{0 \cdot 0210}} = 1.30$$

Gan mai 0.05 yw'r lefel arwyddocâd, $z_{0.05} = 1.645$ yw gwerth critigol z (o Dabl 4). Gan fod gwerth dan sylw z yn llai na'r z critigol, ni allwn wrthod H_0 ac rydym yn casglu nad oes digon o dystiolaeth i gadarnhau honiad yr ymchwilydd.

[Fe'i gadewir fel ymarfer i chi ddangos bod gwerth p y sampl yn tua 0.0968 sy'n fwy na 0.05 ac mae'n arwain at yr un casgliad ag uchod.]

Enghraifft 2 (Enghraifft 1 Adran 4.1.1)

Mae brand arbennig o fylbiau golau trydan wedi eu cynllunio fel bod hyd oes cymedrig y bylbiau yn 1200 awr. Amheuir bod swp mawr penodol o'r bylbiau yn is na'r safon yn y ffaith bod hyd oes cymedrig y bylbiau yn y swp yn llai na 1200 awr. Hyd oes cymedrig 50 o fylbiau a hapddewiswyd o'r swp oedd 1150 awr a'r gwyriad safonol oedd 150 awr. Defnyddiwch lefel arwyddocâd 1% i wneud y prawf priodol.

Datrysiad

Gadewch i X awr ddynodi hyd oes bylb a ddewisir ar hap o'r swp dan amheuaeth a gadewch i µ awr ddynodi hyd oes cymedrig y bylbiau yn y swp. Gan ein bod yn tybio bod µ < 1200 rhaid i ni brofi

H_0: µ = 1200 yn erbyn H_1: µ < 1200 gyda lefel arwyddocâd 0.01.

Yma, mae n = 50, $\overline{x}$ = 1150 a s = 150 (gan dybio mai dyma yw ail isradd yr amcangyfrif diduedd o amrywiant y boblogaeth). Felly, pan fo H_0 yn wir, mae

$$\overline{X} \approx N(1200, 150^2/50 = 450)$$

$$\Rightarrow \quad Z \equiv (\overline{X} - 1200)/\sqrt{450} \approx N(0, 1).$$

Y gwerth dan sylw yw $z = (1150 - 1200)/\sqrt{450} = -2.36$.

Y rhanbarth critigol yn yr achos hwn yw z < $-z_{0.01}$ = -2.326. Gan fod gwerth dan sylw z yn llai na'r gwerth critigol hwn gallwn wrthod H_0 ar lefel arwyddocâd 1% a chasglu bod y swp yn is na'r safon. [Yn Enghraifft 1 Adran 4.1.1 aethom ati i ddangos mai 0.009 oedd gwerth p y sampl sy'n llai na'r lefel arwyddocâd ac mae'n arwain at yr un casgliad.]

Profi rhagdybiaethau 2

Enghraifft 3 (Enghraifft 2 Adran 4.1.1)

Dangosodd cofnodion am heddweision mewn awdurdod heddlu penodol ym 1985 fod eu taldra cymedrig yn 185 cm. Gofynnwyd a oedd taldra cymedrig heddweision yn yr awdurdod ym 1995 yn wahanol i'r taldra ym 1985. Er mwyn ateb y cwestiwn hwn, mesurwyd taldra, mewn cm, hapsampl o 60 heddwas yn yr awdurdod ym 1995. Dadansoddwyd y canlyniadau a chafwyd amcangyfrifon diduedd ar gyfer cymedr ac amrywiant y boblogaeth, sef 182.5 a 22.64, yn ôl eu trefn. Defnyddiwch brawf priodol gan gymryd bod y lefel arwyddocâd yn tua 0.02.

Datrysiad

Gadewch i μ cm ddynodi taldra cymedrig yr heddweision ym 1995.
Rhaid i ni brofi H_0: $\mu = 185$ yn erbyn H_1: $\mu \neq 185$ gyda lefel arwyddocâd sy'n tua 0·02.
O'r canlyniadau a gawn o'r sampl, mae
$$n = 60, \bar{x} = 182\cdot 5, s^2 = 22\cdot 64.$$
Gadewch i $\bar{X}$ cm ddynodi taldra cymedrig hapsampl o 60 heddwas ym 1995. Yna, gan gymryd bod H_0 yn wir, mae
$$\bar{X} \approx N\left(185, \frac{22\cdot 64}{60} = 0\cdot 3773\right)$$
$$\Rightarrow \quad Z \equiv (\bar{X} - 185)/\sqrt{0\cdot .3773} \approx N(0,1)$$

Gan fod H_1 yn ddwyochrog, y gwerth dan sylw priodol ar gyfer Z yw
$$z = |182\cdot 5 - 185|/\sqrt{0\cdot 3773} = 4.07.$$

Y rhanbarth critigol yn yr achos hwn yw $z fz_{0.01} = 2.326$ (o Dabl 4). Gan fod gwerth dan sylw z yn y rhanbarth critigol hwn rydym yn gwrthod H_0, a chan fod $\bar{x} < 185$ gallwn gasglu bod taldra cymedrig heddweision ym 1995 yn llai na'r taldra cymedrig ym 1985.

[Yn Enghraifft 2 Adran 4.1.1 dangoswyd bod gwerth p y sampl yn 0.009 sy'n llai na'r lefel arwyddocâd, sef 0.02, fel bod y casgliad yr un fath. Fe'i gadewir fel ymarfer i chi ddangos mai (181.07,183.93) yw'r cyfwng hyder 98% bras ar gyfer μ. Gan fod 185 y tu allan i'r cyfwng hwn, rydym yn gwrthod H_0 ar lefel arwyddocâd 2% ac mae'r casgliad yr un fath ag uchod. Mewn gwirionedd, dengys y cyfwng hyder hwn y byddai unrhyw $\mu_0 < 181.07$ neu > 183.93 yn cael ei wrthod ar lefel arwyddocâd 2%.]

Ymarfer 4.2a

1. Roedd gan hapsampl o 100 ffibr a gymerwyd o swp mawr gryfderau torri gyda chymedr 15.28 a gwyriad safonol 0.35. Darganfyddwch a yw'r sampl hwn yn darparu digon o dystiolaeth i gyfiawnhau casglu bod cryfder cymedrig ffibrau o'r fath yn fwy na 15.2. Defnyddiwch lefel arwyddocâd 5%.

Profi rhagdybiaethau 2

2. Mae cymedr µ a gwyriad safonol σ hapnewidyn X yn anhysbys. Cymerwyd hapsampl o 50 arsylw ar X a'u swm oedd 2625 a swm eu sgwariau oedd 137950. Profwch y rhagdybiaeth µ = 52 yn erbyn y rhagdybiaeth arall fod µ ≠ 52 gan ddefnyddio lefel arwyddocâd (a) 5%, (b) 2%.

3. Darganfuwyd bod swm hydoedd (mewn cm) 100 teclyn a gynhyrchwyd yn 305 a bod swm sgwariau'r hydoedd yn 1225. Profwch, gan ddefnyddio lefel arwyddocâd 5%, y rhagdybiaeth bod hyd cymedrig yr erthyglau yn 3 cm.

4. Cwynodd siopwr fod pwysau cymedrig barrau siocled a brynodd gan gyfanwerthwr yn llai na'r gwerth a nodwyd, sef 8.5 gram. Pwysodd y siopwr 100 bar a darganfod bod cymedr eu pwysau yn 8.36 gram a'r gwyriad safonol yn 0.72 gram. Gan ddefnyddio lefel arwyddocâd 5%, darganfyddwch a yw cŵyn y siopwr yn ddilys ai peidio.

5. Roedd y marciau (x) a gafwyd gan hapsampl o 250 ymgeisydd mewn arholiad gyda nifer mawr o ymgeiswyr yn gyfryw fel bod Σx = 11872 a Σx^2 = 646193. Gadewch i µ ddynodi'r marc cymedrig gan yr holl ymgeiswyr yn yr arholiad. Tybiwch fod y rhagdybiaeth µ = 49.5 i'w phrofi yn erbyn y rhagdybiaeth arall bod µ < 49.5 gan ddefnyddio lefel arwyddocâd α. Darganfyddwch y set o werthoedd ar gyfer α lle dylid gwrthod y rhagdybiaeth µ = 49.5.

6. Honnir bod bydwragedd yn teithio 12000 o filltiroedd y flwyddyn ar gyfartaledd wrth gyflawni eu dyletswyddau. Fodd bynnag, gwnaed honiad arall bod y cyfartaledd yn llai na 12000. Cafwyd hapsampl o 100 bydwraig a darganfuwyd bod cymedr y pellterau a deithiwyd ganddynt ar ddyletswydd y flwyddyn flaenorol yn 11500 milltir a'r gwyriad safonol yn 2400 milltir. Gan ddefnyddio lefel arwyddocâd 1% profwch yr honiad a wnaed yn erbyn yr honiad arall.

7. Mae cynhyrchydd hufen iâ yn honni bod ei hufen iâ yn cynnwys 10% o fraster. Dadansoddwyd 50 carton ohono a chafwyd cynnwys braster cymedrig o 10.3% gyda gwyriad safonol 1.4%. Defnyddiwch lefel arwyddocâd 5% i brofi honiad y cynhyrchydd.

4.2.2 Profi arwyddocâd y gwahaniaeth rhwng cymedrau dau ddosraniad

Gadewch i $\overline{X}$ ddynodi cymedr hapsampl o n_X arsylw o blith $N(\mu_X, \sigma_X^2)$ a gadewch i $\overline{Y}$ ddynodi hapsampl o n_Y arsylw o blith $N(\mu_Y, \sigma_Y^2)$ a thybiwch fod angen profi'r rhagdybiaeth nwl $H_0 : \mu_X - \mu_Y = \delta$ ar gyfer rhyw werth penodedig ar gyfer δ.

Gellir diddwytho'r canlyniadau damcaniaethol yn rhwydd o'r canlyniadau yn Adran 4.2.1. trwy roi $\overline{X} - \overline{Y}$ yn lle $\overline{X}$, δ yn lle μ_0 ac

$$SE(\overline{X} - \overline{Y}) = \sqrt{\left(\frac{\sigma_X^2}{n_X} + \frac{\sigma_Y^2}{n_Y}\right)} \text{ yn lle } SE(\overline{X}); \text{ gweler hefyd Adran 4.1.2.}$$

Profi rhagdybiaethau 2

Dangosir y dulliau ar gyfer profi arwyddocâd yn yr enghreifftiau canlynol.

Enghraifft 1

Mae X ac Y yn ddau hapnewidyn annibynnol sydd â dosraniad normal, y ddau gyda gwyriad safonol 5. Mae cymedrau'r dosraniadau μ_X a μ_Y, yn ôl eu trefn, yn anhysbys. Mae angen profi $H_0 : \mu_X - \mu_Y = 2$ yn erbyn $H_1 : \mu_X - \mu_Y > 2$ gan ddefnyddio'r gwerthoedd a gafwyd yn yr hapsamplau o 50 arsylw o X a 50 arsylw o Y.

(a) Darganfyddwch lefel arwyddocâd y rheol benderfynu a fydd yn gwrthod H_0 os yw $\overline{X} - \overline{Y} \geq 4$, lle mae $\overline{X}$ ac $\overline{Y}$ yn dynodi cymedrau'r samplau.

(b) Darganfyddwch y rheol benderfynu os yw'r lefel arwyddocâd yn 0.01.

(c) O wybod bod cymedrau'r samplau dan sylw yn $\overline{x} = 9.5$ ac $\overline{y} = 5.8$ darganfyddwch y lefel arwyddocâd leiaf er mwyn gwrthod H_0.

Datrysiad

O wybod bod X ac Y yn annibynnol gydag $X \sim N(\mu_X, 25)$ ac $Y \sim N(\mu_Y, 25)$ ac mai $\overline{X}$ ac $\overline{Y}$ yw cymedrau hapsamplau o faint 50 yr un, mae'n dilyn bod dosraniad samplu $\overline{X} - \overline{Y}$ yn normal gyda chymedr $\mu - \lambda$ a chyfeiliornad safonol

$$SE(\overline{X} - \overline{Y}) = \sqrt{\left(\frac{25}{50} + \frac{25}{50}\right)} = 1.$$

(a) Lefel arwyddocâd y rheol benderfynu a roddir yw
$$P(\overline{X} - \overline{Y} \geq 4 \text{ pan fo } H_0 \text{ yn wir}) = P\left(Z \geq \frac{4-2}{1}\right) = P(Z \geq 2) = 0.02275.$$

(b) Ystyriwch y rheol benderfynu
   Gwrthod H_0 os yw $\overline{X} - \overline{Y} \geq c$.

Lefel arwyddocâd y rheol hon yw
$$P(\overline{X} - \overline{Y} \geq c \text{ pan fo } H_0 \text{ yn wir}) = P\left(Z \geq \frac{c-2}{1}\right) = P(Z \geq c - 2).$$

Ar gyfer lefel arwyddocâd 0.01, rhaid i c fodloni $P(Z \geq c - 2) = 0.01$.
Gan gyfeirio at Dabl 4 ceir $c - 2 = 2.576$, ac felly $c = 4.576$.
Felly, y rheol benderfynu sydd â lefel arwyddocâd 1% yw :
   Gwrthod H_0 os yw $\overline{X} - \overline{Y} \geq 4.576$.

(c) Y lefel arwyddocâd leiaf ar gyfer gwrthod H_0 yw'r gwerth p. Gan fod
$$\overline{x} - \overline{y} = 9.5 - 5.8 = 3.7 > 2,$$
mae'r gwerth p $= P(\overline{X} - \overline{Y} \geq 3.7 \text{ pan fo } \mu - \lambda = 2)$
$$= P\left(Z \geq \frac{3.7 - 2}{1}\right) = P(Z \geq 1.7) \approx 0.0446.$$

Profi rhagdybiaethau 2

Felly, gyda'r cymedrau sampl a arsylwyd, ni ddylid gwrthod H_0 oni bai fod y lefel arwyddocâd a ddewisir ≥ 0.045 (4.5%).

Enghraifft 2 (Cymharer ag Enghraifft 1 yn Adran 4.1.2)

Mae gan gwmni ddau beiriant llifanu trachywir, A a B, ac mae'r ddau yn cynhyrchu rhodenni silindrog â diamedr cymedrig 2.500 cm. Mae gan ddiamedrau'r rhodenni a gynhyrchir ar beiriant A ddosraniad normal gyda gwyriad safonol 0.01 cm ac mae gan ddiamedrau'r rhodenni a gynhyrchir ar beiriant B ddosraniad normal gyda gwyriad safonol 0.015 cm. Mae cyfansoddiad y dur mae'r cwmni yn ei dderbyn gan ei gyflenwr yn newid rhywfaint. Cymerwyd hapsamplau o 10 rhoden a gynhyrchir gan beiriant A a pheiriant B a'u diamedrau cymedrig oedd 2.535 cm a 2.552 cm, yn ôl eu trefn. A bwrw bod gwyriadau safonol diamedrau'r rhodenni heb newid, profwch y rhagdybiaeth bod diamedrau cymedrig y rhodenni a gynhyrchir gan y ddau beiriant yn dal i fod yn hafal gan ddefnyddio lefel arwyddocâd 1%.

Datrysiad

Gadewch i X ac Y ddynodi diamedrau (mewn cm) rhodenni a ddewiswyd ar hap o beiriannau A a B, yn y drefn honno, a gadewch i μ_X a μ_Y ddynodi'r diamedrau cymedrig. Rhaid i ni brofi

$$H_0: \mu_X = \mu_Y \text{ yn erbyn } H_1: \mu_X \neq \mu_Y \text{ gyda lefel arwyddocâd } 0.01.$$

Gan ddefnyddio $\overline{X}$ ac $\overline{Y}$ i ddynodi cymedrau'r samplau (pob un o faint 10) mae'n dilyn o'r canlyniad a roddwyd yn Adran 4.1.2, pan fo H_0 yn wir, bod

$$\overline{X} - \overline{Y} \sim N\left(0, \frac{0\cdot 01^2}{10} + \frac{0\cdot 015^2}{10} = 0\cdot 0000325\right)$$

$$\Rightarrow \quad Z \equiv (\overline{X} - \overline{Y})/\sqrt{0\cdot 0000325} \sim N(0,1).$$

Gan fod H_1 yn ddwyochrog, rydym yn cyfrifo

$$z = |2\cdot 535 - 2\cdot 552|/\sqrt{0\cdot 0000325} = 2.98.$$

Gan fod H_1 yn ddwyochrog a bod y lefel arwyddocâd yn 0.01, mae gwerth critigol z yn $z_{0.05} = 2.326$. Mae gwerth dan sylw z (2.98) yn y rhanbarth critigol felly rydym yn gwrthod H_0 a chasglu bod $\mu_Y > \mu_Y$ (gan fod $\overline{y} > \overline{x}$).

Fel arall, dangoswyd yn Enghraifft 1 Adran 4.1.2 mai tua 0.0029 oedd gwerth p y sampl, sy'n llai na'r lefel arwyddocâd (0.01), fel bod y casgliad yr un fath â'r un uchod. Gan fod H_1 yn ddwyochrog, trydedd ffordd o ateb y cwestiwn hwn fyddai cyfrifo ffiniau hyder 99% ar gyfer $\mu_X - \mu_Y$ a gwrthod H_0 os yw arwydd y ddwy ffin yr un fath. Yma, mae'r ffiniau hyder 99% yn -0.0023 a -0.0017.

Profi rhagdybiaethau 2

Os nad ydym yn gwybod unrhyw beth am ddosraniadau X ac Y, yna, a chymryd bod gennym samplau mawr, gallwn ddefnyddio Theorem y Terfyn Canol ac amcangyfrifon diduedd y samplau o amrywiannau'r boblogaeth i gynnal prawf amcangyfrifol. Dangosir hyn yn yr enghraifft ganlynol.

Enghraifft 3

Honnir bod gwrtaith newydd ar gyfer planhigion tomato yn cynyddu lefelau cynhyrchu. Defnyddiwyd y gwrtaith newydd gyda 100 o blanhigion a defnyddiwyd y gwrtaith arferol gyda 100 o blanhigion eraill. Roedd lefelau cynnyrch (x) y tomatos o'r planhigion a gafodd y gwrtaith newydd yn bodloni'r hafaliadau canlynol

$$\sum x = 1030.0 \text{ a } \sum x^2 = 11045.59,$$

tra bo'r lefelau cynnyrch (y) o'r planhigion a gafodd y gwrtaith arferol yn bodloni'r hafaliadau canlynol

$$\sum y = 990.0 \text{ a } \sum y^2 = 10079.19.$$

Defnyddiwch lefel arwyddocâd 5% i brofi a yw'r canlyniadau'n cyfiawnhau'r honiad a wnaed ynghylch y gwrtaith newydd.

Datrysiad

Gadewch i X ddynodi lefelau'r cynnyrch a gafwyd o blanhigyn a gafodd y gwrtaith newydd a gadewch i Y ddynodi lefelau'r cynnyrch a gafwyd o blanhigyn a gafodd y gwrtaith arferol. Gan ddefnyddio μ_X a μ_Y i ddynodi'r lefelau cynnyrch cymedrig, yn y drefn honno, rhaid i ni brofi

$$H_0: \mu_X = \mu_Y \text{ yn erbyn } H_1: \mu_X > \mu_Y \text{ gyda lefel arwyddocâd 0.05.}$$

Mae meintiau'r samplau yn ddigon mawr i ddefnyddio Theorem y Terfyn Canol ac amnewid amrywiannau'r dosraniadau am eu hamcangyfrifon diduedd o'r sampl. Gan gymryd bod H_0 yn wir, mae dosraniad samplu $\overline{X} - \overline{Y}$ yn eithaf normal gyda chymedr 0 a brasamcan o'r amrywiant yn hafal i $\dfrac{s_X^2}{100} + \dfrac{s_Y^2}{100}$, lle mae

$$s_X^2 = \frac{1}{99}\left\{\sum x^2 - \left(\sum x\right)^2/100\right\} = \frac{1}{99}\{11045.59 - 1030^2/100\} = 4.41$$

$$s_Y^2 = \frac{1}{99}\left\{\sum y^2 - \left(\sum y\right)^2/100\right\} = \frac{1}{99}\{10079.19 - 990^2/100\} = 2.81$$

Gan gymryd bod H_0 yn wir

$$\overline{X} - \overline{Y} \approx N\left(0, \frac{4\cdot 41}{100} + \frac{2\cdot 81}{100} = 0\cdot 0722\right)$$

$$\Rightarrow \qquad Z \equiv (\overline{X} - \overline{Y})/\sqrt{0\cdot 0722} \approx N(0, 1)$$

Profi rhagdybiaethau 2

Mae gwerth dan sylw Z yn
$$z = (\bar{x} - \bar{y})/\sqrt{0 \cdot 0722} = (10.3 - 9.9)/\sqrt{0 \cdot 0722} = 1.49$$
Gan fod H_1 yn unochrog a'r lefel arwyddocâd yn 0.05 mae gwerth critigol z yn
$z_{0.05} = 1.645$ (o Dabl 4). Nid yw gwerth dan sylw z yn y rhanbarth critigol ac, o ganlyniad, nid oes digon o dystiolaeth i gasglu y bydd y gwrtaith newydd yn cynhyrchu lefelau cymedrig mwy na'r gwrtaith arferol.
[Fel arall, gellir dangos bod gwerth p yn $P(Z > 1.49) = 0.0681$ (o Dabl 3) sy'n fwy na'r lefel arwyddocâd, felly ceir yr un casgliad â'r un uchod.]

Ymarfer 4.2b

1. Mae hapnewidynnau X ac Y yn annibynnol gydag $X \sim N(\mu, 25)$ ac $Y \sim N(\lambda, 16)$. Rhaid profi $H_0 : \mu - \lambda = 10$ yn erbyn $H_1 : \mu - \lambda < 10$, yn seiliedig ar y gwerthoedd a gafwyd mewn hapsampl o 10 arsylw ar X a 12 arsylw ar Y.

(a) Darganfyddwch lefel arwyddocâd y prawf na fydd yn gwrthod H_0 oni bai fod $\bar{X} - \bar{Y} \leq 7.5$, lle mae $\bar{X}$ ac $\bar{Y}$ yn dynodi cymedrau'r sampl.

(b) O wybod mai'r gwerthoedd a arsylwyd ar gyfer cymedrau'r samplau oedd $\bar{x} = 35.96$ ac $\bar{y} = 29.21$, pa gasgliad y dylid ei dynnu os yw'r lefel arwyddocâd yn 5%?

2. Mae gan hapnewidynnau X ac Y ddosraniad normal, y ddau gyda gwyriad safonol 43. Cymedr hapsampl o 20 arsylw ar X oedd 2186, a chymedr hapsampl o 20 arsylw ar Y oedd 2162. Defnyddiwch lefel arwyddocâd 5% i brofi a yw cymedrau'r ddau ddosraniad yn hafal.

3. Tybiwch fod gan hydoedd oes teiars ceir ddosraniad normal gyda gwyriad safonol 3000 milltir. Hyd oes cymedrig hapsampl o 9 teiar brand A oedd 26000 milltir, a hyd oes cymedrig hapsampl o 9 teiar brand B oedd 23400 milltir. Mae teiars brand A yn ddrutach na rhai brand B. Gan ddefnyddio lefel arwyddocâd 5%, profwch a ddylid casglu mai'r teiars drutaf sydd â'r hyd oes cymedrig hwyaf.

4. Mae reffractomedr penodol yn mesur indecs plygiant gwydr ac mae'n hysbys bod cyfeiliornadau yn y mesuriadau sydd â dosraniad normal gyda chymedr sero a gwyriad safonol 0.004. Archwilir dau sampl o ddarnau o wydr i weld a yw'n bosibl eu bod yn dod o'r un ffynhonnell. Roedd y sampl cyntaf yn cynnwys 6 darn o wydr a chafwyd bod eu hindecs plygiant cymedrig yn 1.525. Roedd yr ail sampl yn cynnwys 5 darn o wydr a chafwyd bod eu hindecs plygiant cymedrig yn 1.528. Daeth y darnau gwydr yn y sampl cyntaf o ffenestr a oedd wedi ei thorri yn ystod bwrgleriaeth, a darganfuwyd y rhai yn yr ail sampl ar ddillad rhywun dan amheuaeth. Defnyddiwch lefel arwyddocâd 10% i brofi'r rhagdybiaeth bod y samplau yn dod o'r un gwydr.

Profi rhagdybiaethau 2

5. Mae'n hysbys bod hapnewidynnau X ac Y yn annibynnol a bod ganddynt ddosraniad normal gyda chymedrau μ a λ, a gwyriadau safonol 2 a 4, yn ôl eu trefn. Mae angen profi'r rhagdybiaeth bod μ = λ yn erbyn y rhagdybiaeth arall bod μ ≠ λ. Seilir y prawf ar gymedrau hapsamplau o 16 arsylw ar X a 25 arsylw ar Y.

(a) Un prawf posibl yw gwrthod μ = λ dim ond os yw'r gwahaniaeth rhifiadol rhwng cymedrau'r ddau sampl yn fwy na rhyw werth c. Darganfyddwch werth c er mwyn cael lefel arwyddocâd 0.05 ar gyfer y prawf hwn.

(b) Prawf posibl arall yw gwrthod μ = λ dim ond os nad yw'r cyfyngau hyder 95% ar gyfer μ a λ yn gorgyffwrdd. Dangoswch fod lefel arwyddocâd y prawf hwn yn 0.007 yn fras.

6. Swm hydoedd (mewn cm) 100 teclyn a gynhyrchwyd mewn un adran mewn ffatri oedd 305 a swm sgwariau'r hydoedd oedd 1225. Swm hydoedd (mewn cm) 50 o declynnau o'r fath a gynhyrchwyd mewn adran arall oedd 180 a swm sgwariau eu hydoedd oedd 746. Profwch, ar lefel arwyddocâd 5%, y rhagdybiaeth bod hydoedd cymedrig teclynnau a gynhyrchir yn y ddwy adran yn hafal.

7. Mewn astudiaeth i asesu effaith fflworid mewn past dannedd, defnyddiodd 100 o blant bast dannedd oedd yn cynnwys fflworid a defnyddiodd 100 o blant un nad oedd yn cynnwys fflworid. Dros gyfnod yr astudiaeth, cafodd y grŵp a oedd yn defnyddio past dannedd fflworid gyfartaledd o 6.7 ceudod newydd gan bob plentyn, a chafodd y grŵp arall gyfartaledd o 7.5 ceudod newydd gan bob plentyn. Y gwyriadau safonol sampl ar gyfer y ddau grŵp oedd 2.8 a 2.3, yn ôl eu trefn. Gan ddefnyddio lefel arwyddocâd tua 5% profwch y rhagdybiaeth nad yw defnyddio fflworid mewn past dannedd yn cael effaith llesol yn erbyn y rhagdybiaeth arall ei fod yn lleihau nifer y ceudodau.

8. Mae cwmni olew wedi cynhyrchu ychwanegyn ar gyfer petrol ac yn honni y bydd yn lleihau'r defnydd o danwydd. Er mwyn profi'r honiad cafodd 100 o geir eu gyrru gyda'r ychwanegyn a 120 o geir eu gyrru hebddo. Roedd nifer milltiroedd y galwyn (x) a deithiodd y 100 car a nifer milltiroedd y galwyn (y) a deithiodd y 120 car yn bodloni'r hafaliadau canlynol

$$\Sigma x = 4230, \; \Sigma x^2 = 179820 \,;\; \Sigma y = 5016, \; \Sigma y^2 = 212048$$

Gan ddefnyddio lefel arwyddocâd 5%, profwch honiad y cwmni olew a nodwch eich casgliad.

9. Er mwyn profi pa un o ddau ddull, A a B, yw'r cyflymaf wrth gwblhau tasg benodol, hapddewiswyd dau grŵp o weithwyr. Roedd y naill grŵp yn cynnwys 78 o weithwyr yn defnyddio dull A, a'r llall yn cynnwys 92 o weithwyr yn defnyddio dull B. Roedd yr amserau (x munud) a gymerodd y grŵp cyntaf yn bodloni $\Sigma x = 998.4$ a $\Sigma x^2 = 12890.40$.

Profi rhagdybiaethau 2

ac roedd yr amserau (y munud) a gymerodd yr ail grŵp yn bodloni
$$\Sigma y = 1122.4 \text{ a } \Sigma y^2 = 14308.44.$$

(a) Profwch, gan ddefnyddio lefel arwyddocâd tua 10%, y rhagdybiaeth bod yr amserau cymedrig yn hafal gyda'r ddau ddull.

(b) Cyfrifwch y lefel arwyddocâd leiaf lle byddai'r rhagdybiaeth yn (a) yn cael ei gwrthod.

10. Roedd taldra (x metr) hapsampl o 120 o fyfyrwyr gwrywaidd a thaldra (y metr) hapsampl o 160 o fyfyrwyr benywaidd yn bodloni :
$$\Sigma x = 198, \ \Sigma x^2 = 327\ ;\ \Sigma y = 248,\ \Sigma y^2 = 385.$$

Profwch, gan ddefnyddio lefel arwyddocâd tua 1%, y rhagdybiaeth bod taldra cymedrig myfyrwyr gwrywaidd yn fwy nag 0.08 metr yn fwy na thaldra cymedrig myfyrwyr benywaidd.

Amrywiol Gwestiynau ar Bennod 4

1. Cyfartaledd nifer y galwadau ffôn pell a wnaed gan staff y brifysgol oedd 3.75 y dydd. Roedd ar bennaeth yr Adran Fathemateg eisiau gwybod a oedd nifer y galwadau ffôn pell a wnaed bob dydd gan staff ei adran ef yn wahanol i 3.75. Penderfynodd gadw cofnod dros 40 diwrnod o nifer y galwadau ffôn pell a wnaed gan ei staff. Darganfu fod gan nifer y galwadau ffôn pell a wnaed bob dydd gymedr 4.175 a gwyriad safonol 2.42. Beth yw'r casgliad os yw'r lefel arwyddocâd yn 0.05?

2. Mae rheolwr stoc cwmni archebu trwy'r post yn prynu yn aml gyflenwad swmp o amlenni manila gan gyflenwr A. Ar hyn o bryd mae'n ystyried defnyddio cyflenwr arall, sef B. Ni fydd y rheolwr stoc yn newid i ddefnyddio B oni bai fod pwysau rhwygo cymedrig ei amlenni yn fwy nag un amlenni cyflenwr A. Ceir hapsamplau o amlenni gan y ddau gyflenwr ac mae pwysau rhwygo (kg) yr amlenni yn y samplau fel a ganlyn.

Cyflenwr	Maint y sampl	Swm y pwysau rhwygo	Swm sgwariau'r pwysau rhwygo
A	120	3540	104610
B	100	2992	89700

Gosodwch ragdybiaeth nwl a rhagdybiaeth arall priodol. Defnyddiwch ganlyniadau'r samplau i gyfrifo'r gwerth p. Nodwch ba gyflenwr y dylai'r rheolwr stoc ei ddefnyddio os yw'n fodlon peryglu tebygolrwydd o 0.01 o newid i gyflenwr B pan fo pwysau rhwygo cymedrig amlenni A a B mewn gwirionedd yn hafal.

3. Mae angen profi $H_0 : \mu_1 = \mu_2$ yn erbyn $H_1 : \mu_1 \neq \mu_2$, lle mae μ_1 a μ_2 yn dynodi cymedrau dosraniadau normal annibynnol sydd â gwyriadau safonol 5 a 4, yn ôl eu trefn.

Profi rhagdybiaethau 2

Cymedr hapsampl o 20 arsylw o'r dosraniad cyntaf oedd $\bar{x}_1 = 79.5$, a chymedr hapsampl o 16 arsylw o'r ail ddosraniad oedd $\bar{x}_2 = 76.4$. Cynhaliwch y prawf, gan ddefnyddio lefel arwyddocâd 5%, (a) trwy ddarganfod yn gyntaf gyfwng hyder priodol ar gyfer $\mu_1 - \mu_2$, (b) trwy gyfrifo'r gwerth p. Dylid nodi yn glir y casgliad a wnewch o'r prawf.

4. Mae cwmni mawr A yn cynnig trosfeddiannu cwmni llai B. Mae Cwmni B yn honni bod hanner ei gyfranddalwyr o blaid y trosfeddiant ar y telerau a gynigir a hanner yn ei erbyn tra bo Cwmni A yn honni bod mwy na hanner cyfranddalwyr B o blaid derbyn y cynnig. I brofi'r ddau honiad, ceisir barn hapsampl o 20 o gyfranddalwyr B. Gosodwch ragdybiaeth nwl a rhagdybiaeth arall priodol ar gyfer prawf arwyddocâd. Gadewch i X ddynodi nifer y cyfranddalwyr sydd o blaid y trosfeddiant yn y sampl. Os bydd honiad A yn cael ei dderbyn ar yr amod bod $X \geq 13$ darganfyddwch lefel arwyddocâd y prawf.

5. Mae dau fath, A a B, o ddefnydd pacio ar gyfer cynnyrch newydd o dan ystyriaeth. Er mwyn penderfynu pa un y dylid ei ddefnyddio, holir barn 100 o ddarpar gwsmeriaid potensial. Gofynnir i bob cwsmer ddyfarnu sgôr, o 1 i 10, ar gyfer y ddau fath o ddefnydd pacio.

Gadewch i'r hapnewidynnau X_A ac X_B ddynodi sgoriau cwsmer ar gyfer math A a math B, yn ôl eu trefn, a gadewch i $Y = X_A - X_B$. Darganfuwyd bod y gwerthoedd a arsylwyd (y) ar gyfer Y gyda'r 100 cwsmer yn y sampl yn gyfryw fel bod $\Sigma y = 104$ a $\Sigma y^2 = 1559$. Gosodwch ragdybiaeth nwl a rhagdybiaeth arall priodol i brofi pa fath o ddefnydd pacio sydd â sgôr uchaf ar gyfartaledd (os nad ydynt yn gyfartal). A bwrw bod y lefel arwyddocâd yn 0.01, pa gasgliad y gellir ei wneud?

6. (1996, S2) Pan fydd gwyddonydd yn defnyddio offeryn i fesur crynodiad hydoddiant, gellir cymryd bod gan y mesuriad a geir ddosraniad normal gyda chymedr yn hafal i'r gwir grynodiad a gwyriad safonol 2.5 (mewn unedau priodol). Mae'r gwyddonydd yn gwneud 6 mesuriad annibynnol ar bob un o ddau hydoddiant, *A* a *B*, ac yn cael y canlyniadau isod.

Hydoddiant *A* 41.2, 44.6, 43.0, 46.1, 45.8, 39.7

Hydoddiant *B* 45.1, 47.9, 48.4, 42.6, 47.7, 48.8

(a) Cyfrifwch gymedrau'r ddwy set o fesuriadau a dangoswch fod y gwahaniaeth, g, rhwng y ddau gymedr yn 3.35. (1)

(b) Mae'r gwyddonydd yn credu bod crynodiad hydoddiant A a hydoddiant B yn hafal.

 (i) Cyfrifwch, yn gywir i ddau le degol, werth p y gwerth uchod ar gyfer d, a bwrw bod y rhagdybiaeth arall yn ddwyochrog. (4)

 (ii) Nodwch eich casgliadau ynghylch barn y gwyddonydd. (1)

Profi rhagdybiaethau 2

7. (1996, A3) Mae'n rhaid i reolwr gwesty mawr benderfynu pa un o ddau frand o fylbiau, brand A neu frand B, y dylai eu defnyddio yn y gwesty. Mae prisiau'r ddau frand yr un fath ac felly mae'n penderfynu cymharu hyd oes y ddau frand drwy fonitro samplau ohonynt.

(a) Ar gyfer pob bylb golau mewn hapsampl o 100 bylb o frand A, mesurodd y rheolwr hyd eu hoes, x mil o oriau, a gwelodd fod $\Sigma x = 231.6$; $\Sigma x^2 = 566.38$. Cyfrifwch amcangyfrifon diduedd ar gyfer (i) cymedr μ_A, (ii) amrywiant hyd oes bylbiau brand A. (3)

(b) Cyfrifwyd amcangyfrifon diduedd o 2.408 a 0.3212 ar gyfer y cymedr μ_B a'r amrywiant, yn y drefn honno, ar gyfer hyd oes (mewn miloedd o oriau) bylbiau brand B o hapsampl o 150 o fylbiau o'r fath. Gan nodi rhagdybiaeth nwl a rhagdybiaeth arall addas, a chan ddefnyddio lefel arwyddocâd o 10%, penderfynwch a yw'r canlyniadau'n nodi gwahaniaeth rhwng hyd oes cymedrig bylbiau brand A a brand B. (6)

8. (1997), A3) Mae swyddog safonau masnachu yn honni bod cymedr cynnwys poteli o fath arbennig o win yn llai na'r 75 cl enwol. Aeth ati felly i fesur cynnwys, x cl, pob un o 100 potel a ddewiswyd ar hap a chafodd y canlyniadau canlynol:

$$\Sigma x = 7489, \quad \Sigma x^2 = 560863$$

(a) Cyfrifwch amcangyfrifon diduedd o gymedr ac amrywiant cynnwys y poteli hyn o win. (3)

(b) Nodwch ragdybiaeth nwl a rhagdybiaeth arall ar gyfer profi honiad y swyddog. (1)

(c) (i) Gan dybio bod y cynwysion wedi eu dosrannu'n normal, cyfrifwch amcangyfrif o werth p y canlyniadau uchod. (5)

9. (1997, S2) Mae'r tabl canlynol yn rhoi crynodeb o'r canlyniadau a gafwyd mewn ymchwiliad o uchder (mewn modfeddi) coesynnau gwenith a dyfwyd gan ddefnyddio dau wrtaith A a B.

(a) Cyfrifwch amcangyfrifon diduedd o gymedr ac amrywiant uchder coesynnau a dyfwyd gan ddefnyddio Gwrtaith A. (2)

(b) Cyfrifwch gyfwng hyder 98% bras ar gyfer uchder cymedrig coesynnau a dyfwyd gan ddefnyddio gwrtaith A. (3)

(c) O'r data a roddir yn y tabl uchod, ceir 14.9 a 5.6, yn y drefn honno, fel amcangyfrifon diduedd o gymedr ac amrywiant uchder y coesynnau a dyfwyd gan ddefnyddio Gwrtaith B. Defnyddiwch lefel arwyddocâd 5% i brofi a yw uchder cymedrig y coesynnau'n hafal ar gyfer y ddau wrtaith. (6)

10. (1998, A3) Cynigiodd ornitholegydd y theori ganlynol – mewn rhywogaeth arbennig o adar, mae'r adar benyw, ar gyfartaledd, yn drymach na'r adar gwryw. Aeth ati i ddal a phwyso chwe aderyn benyw a phum aderyn gwryw, a chafodd y canlyniadau canlynol:

Profi rhagdybiaethau 2

Pwysau'r adar benyw (kg) : 4.62, 5.05, 4.93, 4.82, 5.21, 4.58

Pwysau'r adar gwryw (kg) : 4.43, 4.95, 4.80, 5.02, 4.50

Gan gymryd bod pwysau'r adar benyw a phwysau'r adar gwryw wedi eu dosrannu'n normal gyda gwyriad safonol 0.2 kg a chan ddefnyddio lefel arwyddocâd 5%, penderfynwch a yw'r data'n cefnogi theori'r ornitholegydd ai peidio. (6)

11. (1998, S2) Caiff dau ddull, A a B, eu cymharu er mwyn gweld a oes un yn gyflymach ar gyfer perfformio tasg benodol ai peidio. Defnyddiwyd Dull A gan bob un o 75 person ac roedd yr amseroedd (x munud) a gymerwyd ganddynt i gwblhau'r dasg yn bodloni'r hafaliadau canlynol:

$$\Sigma x = 984.0 \quad \text{a} \quad \Sigma x^2 = 1353390$$

Defnyddiwyd Dull B gan bob un o 80 person ac roedd eu hamseroedd (y munud) yn bodloni'r hafaliadau canlynol:

$$\Sigma y = 1141.6 \quad \text{a} \quad \Sigma y^2 = 16806.50$$

Cyfrifwch amcangyfrif o'r gwerth p wrth brofi a yw'r amseroedd cymedrig a gymerwyd i gwblhau'r dasg yn hafal. Nodwch, gan roi rheswm, pa un o'r ddau ddull (os un o gwbl) y byddech chi'n ystyried yw'r cyflymaf, ar gyfartaledd. (10)

Pennod 5

Perthnasoedd llinol

Cyflwyniad

Ystyriwch ddau newidyn x ac y (nad ydynt yn hapnewidynnau) y mae'n hysbys bod perthynas linol rhyngddynt. Byddwn yn mynegi perthynas o'r fath ar ffurf

$$y = \alpha + \beta x.$$

Bydd graff y berthynas hon yn llinell syth gyda rhyngdoriad α gydag echelin-y a graddiant β, sy'n bositif os yw y yn cynyddu gydag x ac yn negatif os yw y yn lleihau wrth i x gynyddu. Mae llawer o'r perthnasoedd sy'n digwydd mewn amryw o astudiaethau gwyddonol yn llinol eu ffurf, neu yn rhai y gellir eu trawsffurfio i ffurf linol, a dyma rai enghreifftiau:

1. Pan roddir tyniant o x N ar linyn elastig o hyd naturiol α cm, rhoddir ei hyd, y cm, gan $y = \alpha + \beta x$, lle mae β yn cynrychioli cyfernod elastigedd.

2. Os u yw buanedd cychwynnol corff sy'n symud mewn llinell syth gyda chyflymiad a, yna ar ôl amser t rhoddir ei fuanedd v gan v = u + at, ac ar ôl teithio trwy bellter s, rhoddir ei fuanedd gan $v^2 = u^2 + 2as$.

3. Cyfnod osgiliad pendil syml gyda hyd L yw $T = 2\pi\sqrt{(L/g)}$, lle mae g yn cynrychioli'r cyflymiad a achosir gan ddisgyrchiant.

4. Mae cyfaint v nwy sydd dan wasgedd p yn gyfryw fel bod $pv^\gamma = c$, lle mae c yn gysonyn a γ yw gwres sbesiffig y nwy.

Lle mae α a β yn anhysbys gellir darganfod gwerthoedd unigryw ar eu cyfer o wybod unrhyw ddau bâr o werthoedd (x_1, y_1) ac (x_2, y_2) sy'n bodloni'r hafaliad. Fodd bynnag, mewn llawer o sefyllfaoedd ymarferol, mae angen darganfod gwerthoedd x ac y trwy arbrawf ac efallai nad yw'n sicr bod y gwerthoedd a arsylwir yn gywir. Yn y llyfr hwn, byddwn yn ystyried yn unig sefyllfaoedd lle gellir darganfod y gwerthoedd-x yn fanwl gywir (neu, fel sy'n digwydd yn aml, fe'u gosodir ar werthoedd penodol), ond lle mae'r gwerthoedd-y yn cynnwys cyfeiliornad arbrofol, neu gyfeiliornad wrth eu mesur. Yna ni fydd y gwerthoedd a arsylwir (x, y), yn syrthio ar linell syth wrth gael eu plotio ar graff. Os y_1 yw'r gwerth a arsylwir ar gyfer y pan fo $x = x_1$, yna gellir ysgrifennu

$$y_1 = \alpha + \beta x_1 + \text{cyfeiliornad}.$$

Yn ffigur 5.1, ceir enghraifft o'r canlyniad y gellir ei gael ar ôl plotio nifer o barau o werthoedd a arsylwir ar gyfer (x, y) er bod perthynas linol yn bodoli rhwng y

Perthnasoedd llinol

newidynnau. Gellir defnyddio'r llygad i roi llinell syth trwy bwyntiau sydd wedi eu plotio fel amcangyfrif ar gyfer y gwir berthynas linol sy'n cysylltu x ac y. Mae dwy anfantais fawr i ddull o'r fath, sef

(1) gan ei fod yn oddrychol, bydd gwahanol bobl yn rhoi llinellau syth gwahanol,

(2) nid yw'n ein galluogi i wneud asesiad meintiol o ba mor agos yw'r llinell a roddir i'r wir linell.

Un ffordd o oresgyn yr anfanteision hyn yw'r dull a elwir yn **ddull swm lleiaf sgwariau**.

5.1 Dull swm lleiaf sgwariau

Gadewch i (x_i, y_i), ar gyfer $i = 1, 2, \ldots, n$, ddynodi n pâr o werthoedd a arsylwir ar gyfer (x, y), lle mae'n hysbys bod $y = \alpha + \beta x$, ond oherwydd bod arsylwadau o y yn cynnwys cyfeiliornad,

$$y_i = \alpha + \beta x_i + e_i, \quad i = 1, 2, \ldots, n \qquad (1)$$

lle mae e_i yn cynrychioli'r gwir gyfeiliornad yn y gwerth a arsylwir pan fo $x = x_i$. Ar ôl plotio pwyntiau (x_i, y_i) ar graff, fel yn Ffigur 5.2, rydym yn tynnu llinell sydd, yn ein tyb ni, yn ffitio'r pwyntiau yn weddol. Gadewch i hafaliad y llinell hon fod yn

$$y = a + bx. \qquad (2)$$

Ar gyfer unrhyw x_i, y gwahaniaeth rhwng y gwerth y_i a arsylwir a'r gwerth cyfatebol ar ein llinell yw

$$d_i = y_i - (a + bx_i), \qquad (3)$$

fel y'i dangosir yn Ffigur 5.2. Bydd llinell a dynnir yn ffitio'n dda os yw'r gwahaniaethau hyn yn fach.

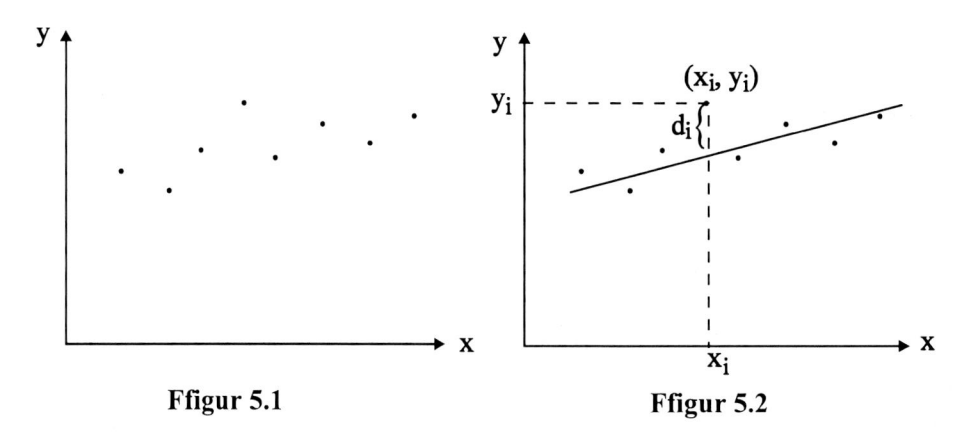

Ffigur 5.1 **Ffigur 5.2**

Yr egwyddor a ddefnyddir yn null swm lleiaf sgwariau yw y dewisir a a b er mwyn **cael y swm lleiaf posibl ar gyfer sgwariau'r gwahaniaethau hyn.**

Perthnasoedd llinol

Felly, dewisir a a b er mwyn lleiafsymio

$$S = \Sigma d_i^2 = \Sigma(y_i - a - bx_i)^2 \qquad (4)$$

[Trwy'r bennod hon, defnyddir Σ i ddynodi symiant dros $i = 1, 2, \ldots, n$.]

Wrth drin b fel petai'n sefydlog, ceir y gwerth ar gyfer a a fydd yn lleiafsymio (4) trwy ddatrys yr hafaliad $dS/da = 0$. Gan ddifferu (4) mewn perthynas ag a, ceir

$$\frac{dS}{da} = \Sigma[-2(y_i - a - bx_i)] = -2[\Sigma y_i - na - b\Sigma x_i],$$

sy'n hafal i sero pan fydd

$$a = (\Sigma y_i - b\Sigma x_i)/n \equiv \bar{y} - b\bar{x}, \qquad (5)$$

lle mae $\bar{x}$ ac $\bar{y}$ yn cynrychioli cymedrau'r gwerthoedd-x a'r gwerthoedd-y a arsylwir, yn ôl eu trefn. Gan fod $d^2S/da^2 = 2n$ yn bositif mae datrysiad (5) yn un sy'n lleiafsymio S. Mae'n dilyn, gan fod $\bar{y} = a + b\bar{x}$, **bod dull swm lleiaf sgwariau yn ffitio llinell sy'n mynd trwy gymedr $(\bar{x}, \bar{y})$ yr arsylwadau.** Mae amnewid (5) yn (4) yn rhoi

$$S = \Sigma[(y_i - \bar{y}) - b(x_i - \bar{x})]^2$$

Mae differu hwn mewn perthynas â b yn rhoi

$$\frac{dS}{db} = -2\Sigma(x_i - \bar{x})[(y_i - \bar{y}) - b(x_i - \bar{x})]$$

$$= -2[\Sigma(x_i - \bar{x})(y_i - \bar{y}) - b\Sigma(x_i - \bar{x})^2]$$

sy'n sero pan fydd $\quad b = \dfrac{\Sigma(x_i - \bar{x})(y_i - \bar{y})}{\Sigma(x_i - \bar{x})^2} \qquad (6)$

Gan fod $d^2S/db^2 = 2\Sigma(x_i - \bar{x})^2$ yn amlwg yn bositif, mae'r gwerth ar gyfer b a roddir gan (6) yn un lle mae S yn lleiafswm. Cyfeirir at werthoedd a a b a roddir gan (5) a (6) fel yr **amcangyfrifon swm lleiaf sgwariau ar gyfer α a β**, yn ôl eu trefn, a chyfeirir at y llinell syth

$$y = a + bx \equiv \bar{y} + b(x - \bar{x}) \qquad (7)$$

fel yr **amcangyfrif swm lleiaf sgwariau** ar gyfer y wir berthynas linol $y = \alpha + \beta x$.

Yn nodiant y Llyfryn Gwybodaeth,

$$b = S_{xy}/S_{xx}, \qquad (8)$$

lle mae $\quad S_{xy} = \Sigma(x_i - \bar{x})(y_i - \bar{y}) \equiv \Sigma x_i y_i - (\Sigma x_i)(\Sigma y_i)/n \qquad (9)$

a $\quad S_{xx} = \Sigma(x_i - \bar{x})^2 \equiv \Sigma x_i^2 - (\Sigma x_i)^2/n. \qquad (10)$

Y mynegiadau a roddir ar yr ochr dde yw'r mwyaf cyfleus wrth gyfrifo a a b.

Enghraifft 1

Rhoddir hyd y cm rhoden fetel ar dymheredd $x°C$ gan $y = \alpha + \beta x$. Mesurwyd hyd y rhoden ar sawl tymheredd, a dangosir y canlyniadau a gafwyd yn y tabl canlynol.

Tymheredd ($x°C$)	20	40	60	80	100
Hyd (y cm)	10.0	10.2	10.3	10.6	10.7

Perthnasoedd llinol

A bwrw bod y ffigurau ar gyfer y tymheredd yn fanwl gywir a bod yr hydoedd yn cynnwys cyfeiliornad, darganfyddwch yr amcangyfrif swm lleiaf sgwariau ar gyfer y berthynas sy'n cysylltu y ag x. Diddwythwch yr amcangyfrif swm lleiaf sgwariau ar gyfer (a) hyd y rhoden pan fydd y tymheredd yn 70°C, (b) yr estyniad yn hyd y rhoden pan gynyddir y tymheredd o 70°C i 100°C.

Datrysiad

Oddi wrth y gwerthoedd a arsylwyd ar gyfer (x, y) ceir

$$\Sigma x = 300, \Sigma x^2 = 22000, \Sigma y = 51.8, \text{ a } \Sigma xy = 3144.$$

Gan ddefnyddio (9) a (10),

$$S_{xy} = 3144 - (300 \times 51.8/5) = 36,$$

ac $\quad S_{xx} = 22000 - 300^2/5 = 4000.$

Trwy hyn, oddi wrth (8) yr amcangyfrif swm lleiaf sgwariau ar gyfer β yw

$$b = 36/4000 = 0.009.$$

Gan fod $\bar{x} = 300/5 = 60$ a bod $\bar{y} = 51.8/5 = 10.36$, mae'n dilyn oddi wrth (7) mai'r amcangyfrif swm lleiaf sgwariau ar gyfer $y = \alpha + \beta x$ yw

$$y = 10.36 + 0.009(x - 60) = 9.82 + 0.009x.$$

Dangosir y gwerthoedd a arsylwyd ar gyfer (x, y) a'r llinell syth uchod yn Ffigur 5.3. Mae'n werth llunio diagram o'r fath gan y bydd yn dangos unrhyw gyfeiliornad mawr a wnaed o bosibl yn y gwaith cyfrifo sy'n arwain at linell sy'n amlwg yn anghyson â'r pwyntiau sy'n cael eu plotio.

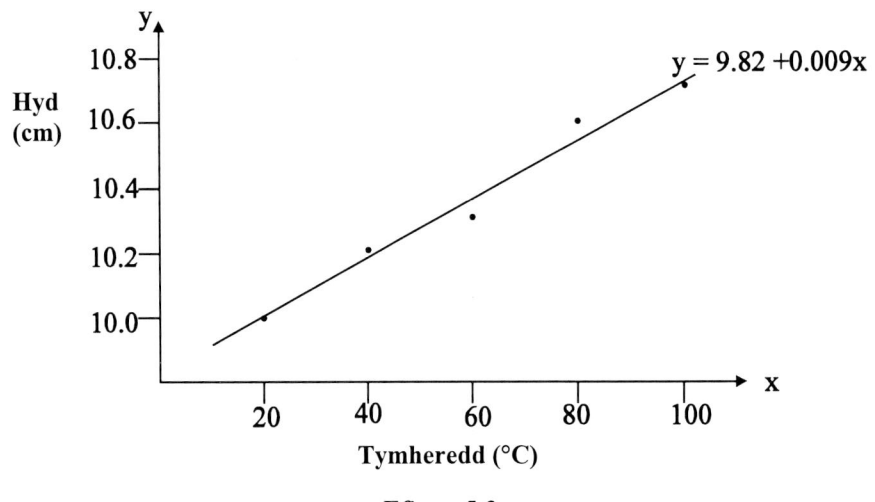

Ffigur 5.3

(a) Wrth i ni roi x = 70 yn yr hafaliad a gafwyd, yr amcangyfrif swm lleiaf sgwariau ar gyfer hyd y rhoden pan fydd y tymheredd yn 70°C yw

$$y = 9.82 + 0.009 \times 70 = 10.45 \text{ cm}$$

Perthnasoedd llinol

(b) Rhoddir yr estyniad yn hyd y rhoden pan gynyddir y tymheredd o 70°C i 100°C gan
$$(\alpha + 100\beta) - (\alpha + 70\beta) \equiv 30\beta.$$

Gan mai'r amcangyfrif swm lleiaf sgwariau ar gyfer β yw b = 0.009, yr amcangyfrif swm lleiaf sgwariau ar gyfer yr estyniad yn hyd y rhoden yw 30b = 0.27 cm.

Ymarfer 5.1

Cadwch eich datrysiadau i'r cwestiynau canlynol gan y bydd arnoch eu hangen yn yr ymarfer nesaf.

1. Cynhaliwyd arbrawf er mwyn darganfod y berthynas rhwng cynnwys cemegol ansoddyn arbennig (*y* gram y litr) mewn hydoddiant a'r tymheredd grisialu (*x* kelvin). Dangosir yn y tabl canlynol y canlyniadau a gafwyd.

x	0.3	0.4	1.2	2.3	3.1	4.2	5.3
y	3.2	3.7	4.3	5.4	6.6	7.8	8.8

Gellir cymryd bod y = α + βx, lle mae α a β yn anhysbys.

(a) Trwy astudio'r ffigurau yn y tabl, nodwch a yw β yn bositif neu'n negatif.

(b) Cyfrifwch yr amcangyfrifon swm lleiaf sgwariau ar gyfer α a β, gan roi pob gwerth yn gywir i dir ffigur ystyrlon.

(c) Cyfrifwch yr amcangyfrif swm lleiaf sgwariau ar gyfer y cynnwys cemegol pan fydd y tymheredd grisialu yn 2.5 kelvin.

2. Rhoddir hyd *y* llinyn elastig yn nhermau ei dyniant *x* gan y fformiwla y = α + βx, lle mae α a β yn gysonion. Gellir mesur *x* yn fanwl gywir ond mae mesuriadau o *y* yn cynnwys cyfeiliornad. Gwnaed y mesuriadau canlynol.

x (newtonau)	5.0	7.5	10.0	12.5	15.0
y (metrau)	1.23	1.39	1.52	1.66	1.81

Darganfyddwch yr amcangyfrifon swm lleiaf sgwariau ar gyfer α, β a hyd y llinyn os yw ei dyniant yn 11.0 newton.

3. Mewn arbrawf ar hydoddedd cemegyn penodol ar wahanol dymereddau cafwyd y canlyniadau isod.

Tymheredd (*x*°C)	0	4	10	15	21	30	45
Hydoddedd a fesurwyd (*y* g)	60.2	65.1	70.3	75.2	81.2	85.1	100.2

Perthnasoedd llinol

Gan gymryd y gellir modelu'r hydoddedd a'r tymheredd gan y = α + βx, darganfyddwch yr amcangyfrifon swm lleiaf sgwariau ar gyfer α, β a'r hydoddedd ar dymheredd 25°C.

4. Rhoddir canran yn ôl pwysau, w, y nitrus ocsid mewn cymysgedd o nitrus ocsid a nitrus deuocsid ar dymheredd t gan y berthynas w = α + βt^{-1}, lle mae α a β yn gysonion. Mewn arbrawf i amcangyfrif α a β, rheolwyd y tymheredd t yn ofalus ar bedwar gwerth gwahanol a gwnaethpwyd tri mesuriad o w ar bob tymheredd. Gan ddefnyddio x = 1000t^{-1}, gwnaethpwyd y cyfrifiadau canlynol oddi wrth y 12 gwerth a arsylwyd ar gyfer (x, w):

$\Sigma x = 43.2$, $\Sigma x^2 = 161.28$, $\Sigma w = 13.2$, $\Sigma xw = 44.64$.

Darganfyddwch yr amcangyfrifon swm lleiaf sgwariau ar gyfer α, β a gwerth w pan fydd t = 250.

5. Cynhaliwyd ymchwiliad i berthynas linol bosibl rhwng dau newidyn *x* ac *y* gan ragnodi pum gwerth ar gyfer *x* a darganfod y gwerthoedd cyfatebol ar gyfer *y*. Rhoddir y canlyniadau a gafwyd yn y tabl canlynol.

x	5	10	15	20	25
y	55	52	50	48	45

A bwrw mai'r wir berthynas rhwng x ac y yw y = α + βx, darganfyddwch yr amcangyfrifon swm lleiaf sgwariau ar gyfer (a) α, (b) β, (c) gwir werth *y* pan fydd x = 20, (d) y gwahaniaeth rhwng gwir werthoedd *y* pan fydd x = 5 a phan fydd x = 25.

6. Mae'n hysbys bod ymateb *y* mewn arbrawf cemegol penodol yn ffwythiant llinol o'r tymheredd x. Fodd bynnag, mae'r gwerthoedd arbrofol a geir ar gyfer *y* yn cynnwys cyfeiliornad. Mae'r tabl isod yn rhoi'r ymatebion a gafwyd mewn chwe arbrawf, gyda dau ymateb ar bob un o dri thymheredd.

	Tymheredd (x)		
	30	40	50
Ymatebion a arsylwyd	14	10	7
	12	11	6

Darganfyddwch yr amcangyfrif swm lleiaf sgwariau ar gyfer y berthynas linol sy'n mynegi *y* yn nhermau *x*. Diddwythwch amcangyfrif ar gyfer y gwir newid yn yr ymateb pan gynyddir y tymheredd o 30 i 45.

7. Mae'n hysbys bod perthynas linol rhwng cyfradd curiad calon claf sy'n cymryd cyffur penodol a'r dos a roddir iddo, a bod yr union berthynas linol yn amrywio o glaf i glaf.

Perthnasoedd llinol

Dengys y tabl canlynol gyfradd curiad, y curiad y munud, calon claf y rhoddir x gronyn o'r cyffur iddo ar bum achlysur gwahanol.

Dos (x gronyn)	1	2	3	4	5
Cyfradd curiad y galon (y curiad y munud)	52	63	75	89	101

Ar gyfer y claf hwn, cyfrifwch yr amcangyfrif swm lleiaf sgwariau ar gyfer (a) y berthynas linol rhwng y ac x, (b) y cynnydd yng nghyfradd curiad y galon sy'n cyfateb i gynnydd o 1 gronyn yn y dos o'r cyffur.

5.2 Casgliad

Pa mor dda yw'r amcangyfrifon swm lleiaf sgwariau? Er mwyn ateb y cwestiwn hwn mae angen gwneud rhai tybiaethau ynghylch dosraniad. Fe gofiwch yn y cyflwyniad ein bod yn tybio bod perthynas rhwng y newidynnau x ac y ar ffurf $y = \alpha + \beta x$ a bod gwerthoedd a arsylwir ar gyfer x yn fanwl gywir ond bod y gwerthoedd cyfatebol ar gyfer y yn cynnwys cyfeiliornad arbrofol neu gyfeiliornad yn y mesuriadau. Felly, pan fydd $x = x_i$ y gwerth a arsylwir ar gyfer y yw

$$y_i = \alpha + \beta x_i + e_i,$$

lle mae e_i yn cynrychioli'r cyfeiliornad yn y gwerth-y a arsylwir. Byddwn yn cymryd bod **gwerthoedd e_i yn arsylwadau annibynnol o hapnewidyn E sydd â dosraniad normal gyda chymedr sero a gwyriad safonol hysbys** σ. Felly, gellir ystyried y_i fel haparsylw o'r hapnewidyn

$$Y_i = \alpha + \beta x_i + E.$$

Gan fod $\alpha + \beta x_i$ yn gysonyn a bod $E \sim N(0, \sigma^2)$ mae'n dilyn o briodweddau dosraniadau normal a drafodwyd yn Adran 1.6 llyfr S2, fod $Y_i \sim N(\alpha + \beta x_i, \sigma^2)$.

Efallai ein bod yn dymuno tynnu casgliadau (fel ffiniau hyder neu ragdybiaethau i'w profi) am (a) α, (b) β, ac (c) $y_0 = a + bx_0$ ar gyfer rhyw x_0 penodol. Dynoder yr amcangyfrifynnau cyfatebol gan (a) A, (b) B, ac (c) $Y_0 = A + Bx_0$, yn ôl eu trefn. Yna, fel a ddangosir yn Adran 5.3, o dan y tybiaethau a wnaed uchod y mae dosraniadau samplu'r amcangyfrifynnau hyn fel a ganlyn (ac fe'u rhoddir yn y Llyfryn Gwybodaeth):

$$A \sim N\left(\alpha, \frac{\sigma^2 \Sigma x_i^2}{nS_{xx}}\right) \quad (1)$$

$$B \sim N\left(\beta, \frac{\sigma^2}{S_{xx}}\right) \quad (2)$$

$$Y_0 \sim N\left(\alpha + \beta x_0, \sigma^2\left[\frac{1}{n} + \frac{(x_0 - \bar{x})^2}{S_{xx}}\right]\right) \quad (3)$$

Perthnasoedd llinol

[Gellir cael mynegiad arall ar gyfer Var(A) trwy roi $x_0 = 0$ yn Var(Y_0).]

Noder, yn arbennig, fod pob amcangyfrifyn yn ddiduedd a bod ei gyfeiliornad safonol yn hysbys (gan y cymerir bod σ yn hysbys). Noder ymhellach fod cyfeiliornad safonol Y_0 yn cynyddu gyda $|x_0 - \bar{x}|$, ac felly bod amcangyfrif gwir werth y gyda gwerth penodol ar gyfer x yn dod yn llai dibynadwy po bellaf yw'r gwerth ar gyfer x oddi wrth $\bar{x}$.

Mae'n amlwg y gellir darganfod ffiniau hyder neu ragdybiaethau i'w profi ar gyfer unrhyw un o blith α, β, ac $\alpha + \beta x_0$, trwy addasu'r casgliadau a wneir ar gymedr μ dosraniad normal sy'n seiliedig ar gymedr hapsampl o arsylwadau o'r dosraniad. Gadewch i W ddynodi unrhyw un o blith A, B ac Y_0. Gan ddynodi cymedr W gan μ_w,

$$Z \equiv \frac{W - \mu_w}{SE(W)} \sim N(0, 1).$$

Gan ddilyn y dull a ddefnyddiwyd yn Adran 3.1, ceir ffiniau hyder $100(1 - 2\alpha)\%$ ar gyfer μ_w, sef

$$w \pm z_\alpha \, SE(W) \qquad (4)$$

lle mae w yn cynrychioli'r gwerth a arsylwir ar gyfer W a lle mae z_α yn bodloni $P(Z > z_\alpha) = \alpha$.

Yn yr un modd, gan ddilyn y dull yn Adran 4.1.1, mae'r gwerthoedd-p wrth brofi $H_0 : \mu_w = \mu_0$ fel a ganlyn.

(i) Ar gyfer profi $H_0 : \mu_w = \mu_0$ yn erbyn $H_1 : \mu_w > \mu_0$,

$$\text{mae'r gwerth } p = P(W \geq w \text{ pan fo } H_0 \text{ yn wir}). \qquad (5)$$

(ii) Ar gyfer profi $H_0 : \mu_w = \mu_0$ yn erbyn $H_1 : \mu_w < \mu_0$,

$$\text{mae'r gwerth } p = P(W \leq w \text{ pan fo } H_0 \text{ yn wir}). \qquad (6)$$

(iii) Ar gyfer profi $H_0 : \mu_w = \mu_0$ yn erbyn $H_1 : \mu_w \neq \mu_0$,

os yw $w > \mu_0$, mae'r gwerth $p = 2P(W \geq w$ pan fo H_0 yn wir) (7a)

os yw $w < \mu_0$, mae'r gwerth $p = 2P(W \leq w$ pan fo H_0 yn wir) (7b)

Mae'r enghraifft ganlynol yn dangos y dulliau ar gyfer darganfod ffiniau hyder a phrofi rhagdybiaeth.

Enghraifft

Rhoddir hyd rhoden fetel, sef y cm, ar dymheredd x°C gan $y = \alpha + \beta x$. Mesurwyd hyd y rhoden ar wahanol dymereddau, a dangosir yn y tabl canlynol y canlyniadau a gafwyd. Cymerwch fod y mesuriadau tymheredd yn fanwl gywir a bod y mesuriadau hyd yn cynnwys cyfeiliornad.

Tymheredd (x°C)	20	40	60	80	100
Hyd (y cm)	10.0	10.2	10.3	10.6	10.7

Perthnasoedd llinol

(a) Darganfyddwch yr amcangyfrifon swm lleiaf sgwariau ar gyfer α a β.
At hynny, cymerwch fod y cyfeiliornadau yn yr hydoedd a fesurwyd yn annibynnol a bod ganddynt ddosraniad normal gyda chymedr sero a gwyriad safonol 0.1.
(b) Cyfrifwch ffiniau hyder 95% ar gyfer (i) hyd y rhoden pan fydd y tymheredd yn 70°C, (ii) yr estyniad yn hyd y rhoden pan gynyddir y tymheredd o 70°C i 100°C.
(c) Defnyddiwch lefel arwyddocâd 5% i brofi $H_0 : β = 0.012$ yn erbyn $H_1 : β < 0.012$.
(d) Cynhaliwyd yr un arbrawf gyda rhoden fetel arall, gyda'r tymereddau fel yn y tabl uchod. Cymerwch yn ganiataol y rhoddir hyd y rhoden hon, sef *y* cm, ar dymheredd x°C, gan y = α' + β'x. O ganlyniadau'r arbrawf hwn, cafwyd yr amcangyfrif swm lleiaf sgwariau ar gyfer β', sef b' = 0.005. Gan ddefnyddio lefel arwyddocâd 10%, profwch y rhagdybiaeth $H_0 : β = β'$ yn erbyn y rhagdybiaeth arall $H_1 : β \neq β'$.

Datrysiad

(a) Yn yr enghraifft yn Adran 5.1, dangoswyd mai'r amcangyfrifon swm lleiaf sgwariau ar gyfer α a β oedd a = 9.82 a b = 0.009, yn ôl eu trefn.

(b)(i) Gwir hyd y rhoden pan fydd y tymheredd yn 70°C yw α + 70β, a'r amcangyfrif swm lleiaf sgwariau ar ei gyfer yw

$$y_0 = 9.82 + 70 \times 0.009 = 10.45.$$

Yr amcangyfrifyn swm lleiaf sgwariau cyfatebol yw Y_0, y rhoddir ei ddosraniad gan (3) uchod.

Felly, gan fod n = 5, x_0 = 70, $\bar{x}$ = 60, S_{xx} = 4000, ac σ = 0.1,

$$SE(Y_0) = \sqrt{0.1^2 \left[\frac{1}{5} + \frac{(70-60)^2}{4000} \right]} = 0.0474.$$

Mae'n dilyn o (4) mai'r ffiniau hyder 95% ar gyfer gwir werth *y* pan fydd *x* = 70 yw:

$$y_0 \pm 1.96 \, SE(Y_0) = 10.45 \pm 1.96 \times 0.0474 = 10.36 \text{ a } 10.54.$$

(c) Gan fod b = 0.009 mae'n dilyn o (6) ar gyfer profi $H_0: β = 0.012$ yn erbyn $H_1: β < 0.012$,

$$\text{fod y gwerth p} = P(B \leq 0.009 \text{ pan fydd } β = 0.012)$$

O hafaliad (2) $SE(B) = \sqrt{0.1^2 / 4000} \approx 0.001581.$

Trwy hyn,   mae'r gwerth p $= P\left(Z \leq \frac{0.009 - 0.012}{0.001581} \right) \cong P(Z \leq -1.90) = 0.029.$

Gan fod y lefel arwyddocâd, sef 0.05, yn fwy na'r gwerth p, y penderfyniad yw gwrthod H_0 a chasglu bod β < 0.012. [Fel arall, gellid defnyddio dull z critigol.]

Perthnasoedd llinol

(d) Ystadegyn priodol ar gyfer profi $H_0 : \beta = \beta'$ yw $B - B'$, lle mae B a B' yn cynrychioli'r amcangyfrifynnau swm lleiaf sgwariau ar gyfer β a β', yn ôl eu trefn. Mae'n amlwg bod B a B' yn annibynnol gan fod dau arbrawf gwahanol wedi cael eu cynnal. Felly, mae
$$SE(B - B') = \sqrt{Var(B) + Var(B')}.$$
Gan y defnyddiwyd yr un gwerthoedd-x yn y ddau arbrawf, mae'n dilyn o (2) fod
$$Var(B) = Var(B') = 0.1^2/4000,$$
ac felly,
$$SE(B - B') = \sqrt{\frac{2 \times 0.1^2}{4000}} = 0.002236.$$
At hynny, gan fod gan B a B' ddosraniadau normal, mae gan $B - B'$ ddosraniad normal hefyd, gyda chymedr $\beta - \beta'$. Y gwerthoedd a arsylwyd ar gyfer B a B' oedd $b = 0.009$ a $b' = 0.005$. Felly, gan ddefnyddio (7a),
$$\begin{aligned} \text{y gwerth p} &= 2P(B - B' \geq 0.009 - 0.005 \text{ pan fydd } \beta = \beta') \\ &= 2P\left(Z \geq \frac{0.004 - 0}{0.002236}\right) \cong 2P(Z \geq 1.79) \\ &= 2 \times 0.0367 = 0.073 \end{aligned}$$

Gan fod y lefel arwyddocâd, sef 0.1, yn fwy na'r gwerth p hwn, gwrthodir H_0 a'r casgliad yw bod $\beta > \beta'$ (gan fod $b > b'$). Golyga hyn fod estyniad hyd y rhoden gyntaf am bob cynnydd o 1°C mewn tymheredd yn fwy na'r estyniad ar gyfer yr ail roden.
[Ffordd arall o ateb y rhan hon yw darganfod y rheol benderfynu sydd â lefel arwyddocâd 0.1 neu ddarganfod cyfwng hyder 90% ar gyfer $\beta - \beta'$.]

Ymarfer 5.2

1. Yng Nghwestiwn 1 Ymarfer 5.1 tybiwch fod y mesuriadau-y yn cynnwys hapgyfeiliornadau annibynnol i gyd gyda chymedr sero a gwyriad safonol 0.5 gram y litr.
(a) Darganfyddwch ffiniau hyder 95% ar gyfer α. Nodwch y casgliad os defnyddir lefel arwyddocâd 0.05 i brofi $H_0 : \alpha = 2.5$ yn erbyn $H_1 : \alpha \neq 2.5$.
(b) Defnyddiwch lefel arwyddocâd 5% i brofi'r rhagdybiaeth nwl bod gwir werth y yn 5.3 pan fydd $x = 2.5$ yn erbyn y rhagdybiaeth arall ei fod > 5.3.

2. Yng Nghwestiwn 2 Ymarfer 5.1 roedd mesuriadau'r hydoedd yn cynnwys cyfeiliornadau sy'n annibynnol â dosraniad normal gyda chymedr sero a gwyriad safonol 0.008 m.
(a) Cyfrifwch ffiniau hyder 95% ar gyfer hyd y llinyn anestynedig.

Perthnasoedd llinol

(b) Gadewch i hyd y llinyn pan fydd y tyniant yn 11 newton fod yn y_0 m. Darganfyddwch y gwerth p wrth brofi $H_0 : y_0 = 1.59$ yn erbyn $H_1 : y_0 < 1.59$. Nodwch y casgliad os yw'r lefel arwyddocâd yn 0.01.

3. Yng Nghwestiwn 3 Ymarfer 5.1 mae mesuriadau'r hydoddedd yn cynnwys hapgyfeiliornadau sydd â dosraniad normal gyda chymedr sero a gwyriad safonol 1.5 g. Cyfrifwch ffiniau hyder 95% ar gyfer yr hydoddedd pan fo'r tymheredd yn 25°C.

4. Yng Nghwestiwn 4 Ymarfer 5.1 mae'r gwerthoedd a geir ar gyfer w yn cynnwys cyfeiliornadau annibynnol sydd â dosraniad normal gyda chymedr sero a gwyriad safonol 0.08.

(a) Cyfrifwch ffiniau hyder 95% ar gyfer β.

(b) Pan fydd t = 250, profwch, ar lefel arwyddocâd 5%, y rhagdybiaeth nwl bod gwir werth w yn hafal i 1 yn erbyn y rhagdybiaeth arall ei fod yn llai nag 1.

5. Yng Nghwestiwn 5 Ymarfer 5.1 roedd mesuriadau y yn cynnwys cyfeiliornadau â dosraniad normal gyda chymedr sero a gwyriad safonol 0.5. Cyfrifwch ffiniau hyder 90% ar gyfer (a) gwir werth y pan fydd $x = 20$, (b) y newid yng ngwerth y pan gynyddir x o 5 i 25.

6. Yng Nghwestiwn 6 Ymarfer 5.1 roedd yr ymatebion a arsylwyd yn cynnwys cyfeiliornadau oedd â dosraniad normal gyda chymedr sero a gwyriad safonol 0.1. Cyfrifwch ffiniau hyder 90% ar gyfer y newid yng ngwerth y pan gynyddir y tymheredd gan 15 uned.

7. Yng Nghwestiwn 7 Ymarfer 5.1 roedd cyfraddau curiad y galon a fesurwyd yn cynnwys cyfeiliornadau oedd â dosraniad normal gyda chymedr sero a gwyriad safonol 0.5 curiad y munud.

(a) Cyfrifwch ffiniau hyder 90% ar gyfer β, sef y cynnydd yng nghyfradd curiad calon y claf hwn am bob cynnydd o 1 gram yn y dos o'r cyffur.

(b) Cynhaliwyd yr un arbrawf ar glaf arall gan ddefnyddio yr un dosiau o'r cyffur (fel y'u rhoddir yn y tabl). O ganlyniadau'r arbrawf hwn yr amcangyfrif swm lleiaf sgwariau ar gyfer β', sef y cynnydd yng nghyfradd curiad y galon am bob cynnydd o 1 gram yn y dos o'r cyffur, oedd 10.9. Cyfrifwch ffiniau hyder 95% ar gyfer $\beta - \beta'$.

Mae'r cwestiwn canlynol yn ymwneud â chymhwyso'r dull swm lleiaf sgwariau i'r model llinol symlach, $y = \beta x$. Bydd ateb y cwestiwn hwn yn eich helpu i ddeall y deilliannau o'r dosraniadau samplu uchod a roddir yn Adran 5.3.

8. Yn cyfateb i werth x_i a roddir ar gyfer newidyn x, mae yna hapnewidyn Y_i, sydd â dosraniad normal gyda chymedr βx_i a gwyriad safonol σ. Gadewch i $y_1, y_2, \ldots, y_n$ ddynodi'r gwerthoedd a arsylwir ar gyfer Y_i pan fydd $x = x_i$ ar gyfer $i = 1, 2, \ldots, n$.

Perthnasoedd llinol

(a) Cymhwyswch y dull swm lleiaf sgwariau i'r model hwn i ddangos mai'r amcangyfrif swm lleiaf sgwariau ar gyfer β yw b = $(\Sigma x_i y_i)/(\Sigma x_i^2)$. Dangoswch fod b yn amcangyfrif diduedd ar gyfer β a dangoswch fod ei gyfeiliornad safonol yn $\sigma/\sqrt{\Sigma x_i^2}$.

Cyfrifwch werth b o wybod y set ganlynol o werthoedd ar gyfer (x_i, y_i).

x_i	2	4	6	8
y_i	3.1	6.5	9.5	13.0

O wybod bod σ = 0.3, cyfrifwch gyfwng hyder 95% ar gyfer β a diddwythwch gyfwng hyder 95% ar gyfer gwir werth *y* pan fydd *x* = 5.

5.3 Deillio'r dosraniadau samplu

Byddwn yn dangos y gellir mynegi pob un o'r amcangyfrifynnau swm lleiaf sgwariau ar gyfer α, β ac α + βx_0 ar ffurf $\Sigma c_i Y_i$, lle mae'r c_i yn gysonion ac, fel a nodwyd yn Adran 5.2, mae pob Y_i yn annibynnol â dosraniad normal gyda chymedr α + βx_i ac amrywiant σ^2. Gan ddefnyddio'r canlyniad bod gan gyfuniad llinol o hapnewidynnau annibynnol â dosraniadau normal, ddosraniad normal hefyd (gweler Adran 2.4 llyfr S2), mae'n dilyn bod gan $\Sigma c_i Y_i$ ddosraniad normal gyda chymedr $\Sigma c_i E(Y_i)$ ac amrywiant $\sigma^2 \Sigma c_i^2$.

(a) **Dosraniad samplu B**

Fe welwyd yn Adran 5.1 mai'r amcangyfrif swm lleiaf sgwariau ar gyfer β yw

$$b = S_{xy}/S_{xx},$$

lle mae $\quad S_{xy} = \Sigma(x_i - \bar{x})(y_i - \bar{y}) \equiv \Sigma(x_i - \bar{x})y_i - \bar{y}\Sigma(x_i - \bar{x}) = \Sigma(x_i - \bar{x})y_i$,

gan fod $\Sigma(x_i - \bar{x}) = 0$. Trwy hyn, gellir ysgrifennu'r amcangyfrifyn swm lleiaf sgwariau ar gyfer β fel

$$B = \Sigma(x_i - \bar{x})Y_i/S_{xx}. \qquad (1)$$

Cymedr B yw

$$E(B) = \Sigma(x_i - \bar{x})E(Y_i)/S_{xx} = \Sigma(x_i - \bar{x})(\alpha + \beta x_i)/S_{xx}$$
$$= [\alpha\Sigma(x_i - \bar{x}) + \beta\Sigma x_i(x_i - \bar{x})]/S_{xx} = [\beta\Sigma x_i(x_i - \bar{x})]/S_{xx}$$

Nawr $\quad S_{xx} = \Sigma(x_i - \bar{x})^2 \equiv \Sigma x_i(x_i - \bar{x}) - \bar{x}\Sigma(x_i - \bar{x}) = \Sigma x_i(x_i - \bar{x})$

ac, felly, $\quad E(B) = \beta$,

sy'n profi bod B yn amcangyfrifyn diduedd ar gyfer β.

Gan fod pob Y_i yn annibynnol gyda'r amrywiant σ^2, mae'n dilyn o (1) fod

$$\text{Var}(B) = \Sigma(x_i - \bar{x})^2 \sigma^2/S_{xx}^2 = \sigma^2 S_{xx}/S_{xx}^2 = \sigma^2/S_{xx}$$

Felly mae dosraniad samplu B yn normal gyda chymedr β a chyfeiliornad safonol $\sigma/\sqrt{S_{xx}}$, sef yr hyn a roddwyd yn Adran 5.2.

Perthnasoedd llinol

(b) **Dosraniad samplu A**

Gwelwyd yn Adran 5.1 mai'r amcangyfrif swm lleiaf sgwariau ar gyfer α yw $a = \bar{y} - b\bar{x}$, ac felly yr amcangyfrifyn swm lleiaf sgwariau ar gyfer α yw

$$A = \bar{Y} - B\bar{x}. \qquad (2)$$

Cymedr A yw $E(A) = E(\bar{Y}) - \bar{x}E(B)$.

Ond mae $E(\bar{Y}) = \dfrac{1}{n}\Sigma E(Y_i) = \dfrac{1}{n}\Sigma(\alpha + \beta x_i) = \alpha + \beta\bar{x}$ ac $E(B) = \beta$.

Trwy hyn, mae $E(A) = (\alpha + \beta\bar{x}) - \bar{x}\beta = \alpha$,

sy'n profi bod A yn amcangyfrifyn diduedd ar gyfer α. Oni ellir profi yn gyntaf fod $\bar{Y}$ a B yn annibynnol, nid yw (2) yn addas ar gyfer darganfod Var(A). I ddarganfod Var(A) byddwn yn newid (2) i'r ffurf $\Sigma c_i Y_i$. Oddi wrth (2) ceir yn syth

$$A = \dfrac{1}{n}\Sigma Y_i - \bar{x}\dfrac{\Sigma(x_i - \bar{x})Y_i}{S_{xx}} \equiv \Sigma\left[\dfrac{1}{n} - \dfrac{\bar{x}(x_i - \bar{x})}{S_{xx}}\right]Y_i \qquad (3)$$

Trwy hyn

$$\mathrm{Var}(A) = \Sigma\left[\dfrac{1}{n^2} - \dfrac{2\bar{x}(x_i - \bar{x})}{nS_{xx}} + \dfrac{\bar{x}^2(x_i - \bar{x})^2}{S_{xx}^2}\right]\sigma^2$$

$$= \sigma^2\left[\dfrac{1}{n} + \dfrac{\bar{x}^2}{S_{xx}}\right], \text{ gan fod } \Sigma(x_i - \bar{x}) = 0 \text{ a } \Sigma(x_i - \bar{x})^2 = S_{xx}$$

$$= \sigma^2[S_{xx} + n\bar{x}^2]/nS_{xx} = \sigma^2\Sigma x_i^2/nS_{xx},$$

trwy sylwi bod $S_{xx} = \Sigma x_i^2 - n\bar{x}^2$. Trwy hyn, mae dosraniad samplu A yn normal gyda chymedr α a chyfeiliornad safonol $\sigma\sqrt{\Sigma x_i^2/nS_{xx}}$, sef yr hyn a roddir yn Adran 5.2.

(c) **Dosraniad samplu $Y_0 = A + Bx_0$**

Cymedr Y_0 yw $E(Y_0) = E(A) + x_0 E(B) = \alpha + \beta x_0$,

sy'n dangos bod Y_0 yn amcangyfrifyn diduedd ar gyfer gwir werth *y* pan fydd $x = x_0$. Wrth amnewid y mynegiadau ar gyfer A a B a roddir yn (1) a (3) ceir

$$Y_0 = \Sigma\left[\dfrac{1}{n} - \dfrac{\bar{x}(x_i - \bar{x})}{S_{xx}} + \dfrac{x_0(x_i - \bar{x})}{S_{xx}}\right]Y_i \equiv \Sigma\left[\dfrac{1}{n} + \dfrac{(x_0 - \bar{x})(x_i - \bar{x})}{S_{xx}}\right]Y_i$$

Felly $\mathrm{Var}(Y_0) = \Sigma\left[\dfrac{1}{n^2} + \dfrac{2(x_o - \bar{x})(x_i - \bar{x})}{2nS_{xx}} + \dfrac{(x_o - \bar{x})^2(x_i - \bar{x})^2}{S_{xx}^2}\right]\sigma^2$

$$= \sigma^2\left[\dfrac{1}{n} + \dfrac{(x_o - \bar{x})^2}{S_{xx}}\right], \text{ wrth sylwi bod } \Sigma(x_i - \bar{x}) = 0,$$

sef yr hyn a nodir yn Adran 5.2.

Ymarfer 5.3

1. Mae'n hysbys bod dau newidyn yn gyfryw fel bod y = α + βx ar gyfer pob $0 \leq x \leq a$, lle mae α a β yn gysonion anhysbys. Mae arsylwadau arbrofol ar werthoedd *y*, sy'n cyfateb i werthoedd penodol *x*, yn cynnwys hapgyfeiliornadau annibynnol sydd â dosraniad normal gyda chymedr sero a gwyriad safonol σ. Er mwyn amcangyfrif β penderfynir cynnal cyfanswm o 2n arbrawf gydag *x* yn sefydlog ar werthoedd $x_1, x_2, \ldots, x_{2n}$, yn y drefn honno, ac arsylwi gwerthoedd cyfatebol ar gyfer *y*. Trwy gymharu cyfeiliornadau safonol, darganfyddwch pa un o'r ddwy set ganlynol o 2n gwerth ar gyfer *x* yw'r un orau i'w defnyddio i amcangyfrif β.

   Set 1 : $x_1 = x_2 = \ldots = x_n = 0$, $x_{n+1} = x_{n+2} = \ldots = x_{2n} = a$.

   Set 2 : $x_i = [(i - 1)a]/(2n - 1)$ ar gyfer i = 1, 2, ..., 2n.

2. Mae dau newidyn *x* ac *y* yn gyfryw fel bod y = α + βx, lle mae α a β yn gysonion anhysbys. Cynhaliwyd arbrofion gydag *x* yn cael y gwerthoedd 1, 2, ..., 2n, yn ôl eu trefn, a mesurwyd y gwerthoedd cyfatebol ar gyfer *y* fel $y_1, y_2, \ldots, y_{2n}$. Gan gymryd bod y mesuriadau-*y* yn cynnwys hapgyfeiliornadau annibynnol gyda chymedr sero a gwyriad safonol σ, dangoswch fod

$$b' = \frac{1}{n^2}\left\{\sum_{i=n+1}^{2n} y_i - \sum_{i=1}^{n} y_i\right\}$$

yn amcangyfrif diduedd ar gyfer β ond bod ganddo gyfeiliornad safonol sy'n fwy na'r un sydd gan yr amcangyfrif swm lleiaf sgwariau ar gyfer β.

Amrywiol Gwestiynau ar Bennod 5

[Nodwch nad oedd CBAC yn gosod cwestiynau ar brofi rhagdybiaethau cyn 1996.]

1. (1987) Wrth ymchwilio i'r berthynas y = α + βx yn cysylltu dau newidyn *x* ac *y*, cynhaliwyd pum arbrawf gyda'r gwerthoedd 20, 30, 40, 50, a 60 ar gyfer *x*, a mesurwyd y gwerthoedd cyfatebol ar gyfer *y*. Cyfrifwyd yr amcangyfrif swm lleiaf sgwariau ar gyfer y berthynas oddi wrth y canlyniadau, sef y = 3.4 − 0.65x. Gan gymryd bod y cyfeiliornadau yn y mesuriadau-*y* yn annibynnol ag iddynt ddosraniad normal gyda chymedr sero a gwyriad safonol 0.2, cyfrifwch ffiniau hyder 90% ar gyfer gwerthoedd (i) α, (ii) β. [7]

2. (1988) Mae'n hysbys bod gan y gwir ymateb, sef *y*, mewn proses gemegol benodol berthynas linol â'r tymheredd *x*°C. Fodd bynnag, mae mesuriadau arbrofol ar *y* yn cynnwys hapgyfeiliornadau, ac felly pan fydd y broses yn rhedeg ar dymheredd x_i°C mae'r ymateb a arsylwir yn cael ei roi gan $y_i = \alpha + \beta x_i + e_i$, lle mae $\alpha + \beta x_i$ yn

Perthnasoedd llinol

cynrychioli'r gwir ymateb ac e_i yw'r cyfeiliornad. Mae'r tabl canlynol yn rhoi'r ymatebion a arsylwyd mewn naw arbrawf, tri yr un ar dymereddau 20°C, 30°C, a 40°C.

	Tymheredd		
	20	30	40
Ymatebion a arsylwyd (y_i)	35	31	28
	33	32	27
	34	31	29

(i) Cyfrifwch yr amcangyfrifon swm lleiaf sgwariau i α a β. (Rhoddir: $\Sigma x_i y_i = 8220$.)
(ii) Mae'r cyfeiliornadau, sef e_i, yn annibynnol ag iddynt ddosraniad normal gyda chymedr sero a gwyriad safonol 2.5. Cyfrifwch gyfyngau hyder 95% ar gyfer (a) gwerth β, (b) gwir werth y pan fydd x = 40.
(iii) Eglurwch pam mae'r cyfwng hyder a gyfrifwyd gennych yn (ii)(b) yn well na'r un y gellid ei gael oddi wrth y tri ymateb pan oedd x = 40. [15]

3. (1989) Rhoddwyd grymoedd o 300, 400, 500 a 700 newton, yn ôl eu trefn, ar hyd sefydlog o wifren ddur. Mae'r hydoedd, mewn cm, a fesurwyd ar gyfer y wifren estynedig yn cael eu dangos yn y tabl canlynol. Gellir cymryd bod y cyfeiliornadau yn yr hydoedd a fesurwyd yn annibynnol ag iddynt ddosraniad normal gyda chymedr sero a gwyriad safonol 0.01 cm.

Grym (x N)	300	400	500	600	700
Hyd (y cm)	10.35	10.46	10.58	10.71	10.80

Rhoddir: $\Sigma y = 52.9$ a $\Sigma xy = 26565$.
Yn ôl deddf Hooke, pan roddir grym o x newton ar wifren â hyd naturiol α cm, rhoddir ei hyd estynedig, sef y cm, gan $y = \alpha + \beta x$, lle mae β yn gysonyn sy'n dibynnu ar rai o briodweddau'r wifren.
(a) Cyfrifwch yr amcangyfrifon swm lleiaf sgwariau ar gyfer α a β.
(b) Cyfrifwch ffiniau hyder 95% ar gyfer (i) hyd naturiol y wifren,
(ii) Hyd estynedig y wifren pan roddir grym o 555 newton arno. [15]

4. (1990) Mae deddf ffisegol yn nodi bod perthynas linol rhwng y newidynnau x ac y ar ffurf $y = \alpha + \beta x$. Er mwyn profi'r berthynas hon, cynhaliwyd arbrofion gan ragnodi'r gwerthoedd ar gyfer x a mesur y gwerthoedd cyfatebol ar gyfer y. Mae'n hysbys bod y gwerthoedd a fesurir ar gyfer y yn cynnwys hapgyfeiliornadau annibynnol sydd â dosraniad normal gyda chymedr sero a gwyriad safonol 0.06.

Perthnasoedd llinol

Dangosir canlyniadau'r arbrofion yn y tabl canlynol.

x	2.0	2.5	3.0	3.5
Mesuriadau ar gyfer y	10.8	9.5	8.4	7.3

Defnyddiwyd cyfrifiannell i ddarganfod yr amcangyfrif swm lleiaf sgwariau ar gyfer y berthynas a chafwyd yr hafaliad $y = 2.3 + 2.4x$.

(i) Heb wneud unrhyw gyfrifiadau, nodwch pam mae'r data yn dangos bod yr hafaliad hwn yn anghywir.

(ii) Cyfrifwch yr amcangyfrif swm lleiaf sgwariau cywir ar gyfer y berthynas.

(iii) Cyfrifwch ffiniau hyder 95% ar gyfer β.

(iv) Mewn gwirionedd, nid yw'r ddeddf uchod yn ddilys oni bai fod yr arbrofion yn cael eu cynnal ar dymheredd cyson sefydlog. Mewn cyfres arall o arbrofion i brofi'r berthynas, defnyddiwyd yr un gwerthoedd ar gyfer x ond cadwyd y tymheredd yn gyson ar werth gwahanol i'r un a ddefnyddiwyd yn y gyfres gyntaf o arbrofion. Arweiniodd y canlyniadau a gafwyd yn yr ail gyfres o arbrofion at $y = 17.6 - 1.96x$ fel yr amcangyfrif swm lleiaf sgwariau ar gyfer y berthynas. Gan gymryd bod gan y cyfeiliornadau yn y gwerthoedd a fesurwyd ar gyfer y yn yr ail gyfres o arbrofion, yr un dosraniad â'r cyfeiliornadau yn y gyfres gyntaf, cyfrifwch ffiniau hyder 95% ar gyfer y gwahaniaeth, ar y ddau dymheredd, rhwng gwir werthoedd y pan fydd $x = 3$. [15]

5. (1991) Mae'n hysbys bod perthynas linol rhwng y newidynnau x ac y. Cynhaliwyd arbrofion gyda deg o werthoedd a ragnodwyd ar gyfer x, a mesurwyd y gwerthoedd cyfatebol ar gyfer y. Crynhowyd canlyniadau (x_i, y_i), $i = 1, 2, \ldots, 10$ yr arbrofion fel a ganlyn:

$\Sigma x_i = 80$, $\Sigma x_i^2 = 3140$, $\Sigma y_i = 422$, $\Sigma x_i y_i = 12276$

Mae'r mesuriadau-y yn cynnwys cyfeiliornadau annibynnol sydd â dosraniad normal gyda chymedr sero a gwyriad safonol 2.4. Darganfyddwch

(i) yr amcangyfrif swm lleiaf sgwariau ar gyfer yr hafaliad sy'n mynegi y yn nhermau x,

(ii) ffiniau hyder 95% y cynnydd a geir yng ngwerth y pan gynyddir x un uned. [7]

6. (1992) Mae'n hysbys bod perthynas ar ffurf $y = \alpha + \beta x$ rhwng dau newidyn x ac y. Er mwyn ymchwilio i'r berthynas hon cynhaliwyd pedwar arbrawf gan roi'r gwerthoedd 10, 20, 30 a 40, yn ôl eu trefn, i x. Yna mesurwyd y gwerthoedd cyfatebol ar gyfer y. Mae gwerth a fesurir ar gyfer y yn haparsylw o ddosraniad normal gyda chymedr sy'n hafal i wir werth y a gwyriad safonol 1.2. Wrth gymhwyso'r dull swm lleiaf sgwariau i'r canlyniadau arbrofol, y berthynas amcangyfrifedig oedd $y = 8.4 + 2.6x$.

(i) Darganfyddwch gymedr y pedwar gwerth a fesurwyd ar gyfer y.

(ii) Cyfrifwch gyfwng hyder 95% ar gyfer gwerth β. [6]

Perthnasoedd llinol

7. (1993) Yng nghemeg ensymau, mae x ac y yn ddau newidyn sy'n bodloni'r hafaliad
$$y = \frac{1}{M} + \frac{K}{M}x,$$
lle mae M a K yn gysonion. Mewn arbrawf penodol, cafwyd y data canlynol ar x ac y.

x	0.6	1.0	2.0	3.5	4.5	7.0
y	2.0	2.4	3.2	4.4	5.8	6.7

(a) Darganfyddwch, yn gywir i ddau le degol, werthoedd a a b os y = a + bx yw'r amcangyfrif swm lleiaf sgwariau ar gyfer yr hafaliad sy'n mynegi y yn nhermau x. Trwy hyn darganfyddwch amcangyfrifon ar gyfer M a K. [8]

(b) O wybod bod y cyfeiliornadau yn y gwerthoedd-y yn annibynnol a bod ganddynt ddosraniad normal gyda chymedr sero a gwyriad safonol 0.4, darganfyddwch ffiniau hyder 95% ar gyfer M. [7]

8. (1994) Cysylltir hyd gwifren, sef y mm, â'i thymheredd, sef $x°C$, gan yr hafaliad y = α + βx. Gellir pennu'r gwerthoedd ar gyfer x ac mae'r gwerthoedd a fesurir ar gyfer y yn cynnwys hapgyfeiliornadau annibynnol sydd â dosraniad normal gyda chymedr sero a gwyriad safonol 0.2 mm.

Cafwyd y canlyniadau isod ar gyfer gwifren arbennig.

Tymheredd °C	10	15	20	25	30	35
Hyd a fesurwyd mm	143.6	145.3	146.7	148.2	150.2	151.5

(a) Cyfrifwch yr amcangyfrifon swm lleiaf sgwariau ar gyfer α, β. Rhowch eich atebion yn gywir i bedwar ffigur ystyrlon. [6]

(b) Cyfrifwch ffiniau hyder 99% ar gyfer (i) gwerth β, (ii) gwir hyd y wifren ar 30°C. [8]

(c) Ar ba dymheredd y gellir amcangyfrifo'r hyd yn fwyaf manwl gywir gan ddefnyddio'r data uchod? [1]

9. (1995) Cysylltir y newidynnau x ac y gan yr hafaliad y = α + βx, lle mae α, β yn gysonion anhysbys. Rhoddodd wyth pâr o arsylwadau $(x_1, y_1), (x_2, y_2), \ldots, (x_8, y_8)$ y canlyniadau isod.
$$\Sigma x_i = 36, \quad \Sigma x_i^2 = 204, \quad \Sigma y_i = 76.21, \quad \Sigma x_i y_i = 396.32.$$

(a) Cyfrifwch yr amcangyfrif swm lleiaf sgwariau ar gyfer α a β, gan roi eich atebion yn gywir i 3 ffigur ystyrlon.

(b) Mae arsylwadau ar x yn fanwl gywir ac mae arsylwadau ar y yn cynnwys cyfeiliornadau annibynnol sydd â dosraniad normal gyda chymedr sero a gwyriad safonol 0.2.

(i) Cyfrifwch gyfeiliornad safonol eich amcangyfrif ar gyfer β.

(ii) Cyfrifwch ffiniau hyder 95% ar gyfer β. [7]

Perthnasoedd llinol

10. (A3 1996) Pan roddir dos o ryw gyffur penodol (x mg) i glaf, gellir modelu cyfrâdd curiad y galon (y curiad y munud) gan yr hafaliad llinol
$$y = \alpha + \beta x$$
lle gall y cysonion α, β amrywio o glaf i glaf. Mae mesuriadau o gyfraddau curiad y galon yn cynnwys hapgyfeiliornadau annibynnol sydd â dosraniad normal gyda chymedr sero a gwyriad safonol 0.4. Mae'r tabl isod yn dangos cyfraddau curiad y galon a fesurwyd ar gyfer claf penodol ar ôl iddo gymryd amrywiol ddosau o'r cyffur.

Dos (x mg)	1	2	3	4	5	6
Cyfradd curiad y galon (y curiad y munud)	50	56	64	71	78	86

(a) Cyfrifwyd y canlyniadau isod o'r tabl uchod.
$$\Sigma x = 21, \quad \Sigma y = 405, \quad \Sigma xy = 1544, \quad \Sigma x^2 = 91.$$
Defnyddiwch y canlyniadau hyn i ddarganfod
(i) yr amcangyfrifon swm lleiaf sgwariau ar gyfer α a β gyda'r claf hwn. [4]
(ii) ffiniau hyder 95% ar gyfer gwir werth y pan fydd $x = 5$ gyda'r claf hwn. [3]
(b) Cynhaliwyd yr un arbrawf yn annibynnol ar glaf arall gan roi'r un dosiau o'r cyffur ag yn y tabl uchod. Trwy ddadansoddi'r canlyniadau cafwyd amcangyfrif swm lleiaf sgwariau ar gyfer β yn hafal i 7.52. Profwch y rhagdybiaeth bod y gwerthoedd ar gyfer β yn hafal i'r ddau glaf, gan ddefnyddio prawf dwyochrog â lefel arwyddocâd 1%. [6]

11. (S2 1996) Cynhaliwyd arbrawf i ddarganfod màs, sef y g, sylwedd penodol sy'n hydoddi mewn litr o ddŵr ar dymheredd o $x°C$. Cafwyd y canlyniadau isod.

Tymheredd ($x°C$)	10	20	30	40	50	60
Màs (y g)	14.2	16.1	18.4	19.9	22.3	24.6

$[\Sigma x = 210; \quad \Sigma y = 115.5; \quad \Sigma x^2 = 9100; \quad \Sigma xy = 4403]$

(a) Gan gymryd bod yr hafaliad
$$y = \alpha + \beta x,$$
yn cysylltu x ac y, cyfrifwch yr amcangyfrifon swm lleiaf sgwariau ar gyfer α a β, gan ddangos eich holl waith cyfrifo. [4]
(b) Roedd mesuriadau'r tymheredd yn fanwl gywir ond roedd mesuriadau y yn cynnwys cyfeiliornadau annibynnol oedd â dosraniad normal gyda chymedr sero a gwyriad safonol 0.3.
Darganfyddwch ffiniau hyder 95% ar gyfer
(i) gwerth β, [4]
(ii) gwir werth y pan fydd $x = 25$. [4]

Perthnasoedd llinol

12. (A3 1997) Penderfynodd garddwr brofi gwrtaith newydd ar ei blanhigion tomato. Cadwodd gofnod o faint o wrtaith a ddefnyddiodd gyda phob un o chwe phlanhigyn, a faint a gynhyrchodd pob un ohonynt. Rhoddir ei ganlyniadau yn y tabl isod.

Gwrtaith a ddefnyddiwyd (x kg yr wythnos)	0	5	10	15	20	25
Cyfanswm y cynnyrch (y kg)	4.32	4.96	5.43	5.82	6.12	6.21

(a)(i) Cyfrifwch $\sum x$, $\sum y$, $\sum x^2$, a $\sum xy$.

(ii) Gan dybio y ceir perthynas linol $y = \alpha + \beta x$, defnyddiwch eich gwerthoedd i gyfrifo, yn gywir i dri ffigur ystyrlon, amcangyfrifon swm lleiaf sgwariau ar gyfer α a β. Dangoswch eich gwaith cyfrifo. [6]

(b) Cyfrifwch gyfwng hyder 90% ar gyfer β, o wybod bod y cynnyrch yn cynnwys cyfeiliornadau annibynnol sydd wedi eu dosrannu'n normal gyda chymedr sero a gwyriad safonol $\sigma = 0.05$. [4]

(c) Plotiwch ddiagram gwasgariad o'r data. Gwnewch sylwadau bras ar ba mor ddigonol yw'r model llinol yn y sefyllfa hon. [2]

13. (S2 1997) Mae cemegydd yn gwybod bod perthynas linol yn cysylltu newidyn y sy'n gysylltiedig ag allbwn proses gemegol a'r tymheredd gweithredu $x\,°C$ yn y ffurf $y = \alpha + \beta x$. Cafodd y broses ei rhedeg ddwywaith ar bob un o'r tymereddau gweithredu canlynol, $50°C$, $60°C$ a $70°C$, a cheir y canlyniadau yn y tabl canlynol.

x	50	60	70
Gwerth dan sylw cyntaf y	76	63	53
Ail werth dan sylw y	75	66	57

Gwnaed y cyfrifiadau canlynol o'r chwe phâr uchod o ganlyniadau:

$$\sum x = 360, \quad \sum x^2 = 22\,000, \quad \sum y = 390, \quad \sum xy = 22\,990$$

(a) Darganfyddwch amcangyfrifon swm lleiaf sgwariau ar gyfer α a β. [4]

(b) Mae gwerthoedd dan sylw y yn cynnwys cyfeiliornadau annibynnol wedi eu dosrannu'n normal gyda chymedr sero a gwyriad safonol 1.5.

(i) Cyfrifwch ffiniau hyder 95% ar gyfer β. Cyfrifwch ffiniau hyder 95% ar gyfer y lleihad yng ngwir werth y pan fo x yn cynyddu $10°C$.

(ii) Defnyddiwch lefel arwyddocâd 5% i brofi'r rhagdybiaeth nwl a ddywed bod gwir werth y yn hafal i 59 pan fo x = 65, yn erbyn y rhagdybiaeth arall a ddywed ei fod yn fwy na 59. [10]

Perthnasoedd llinol

14. (A3 1998) Mae pibell wastraff yn rhyddhau dŵr i afon. Mae swyddog amgylcheddol yn mesur y llygredd (mewn unedau priodol) ar wahanol bellteroedd lawr yr afon oddi wrth y bibell a chafodd y canlyniadau canlynol.

Pellter o'r bibell (x milltir) 1 2 3 4 5
Swm y llygredd (y uned) 38.07 33.96 29.47 26.58 24.46

$$\sum x = 15, \sum y = 152 \cdot 54, \sum x^2 = 55, \sum xy = 423 \cdot 02.$$

Mae'r swyddog yn gofyn i chi ffitio'r berthynas linol y = α + βx i'r data hwn.

(a) Cyfrifwch amcangyfrifon swm lleiaf sgwariau ar gyfer α a β. [4]

(b) Mae'r gwerthoedd x yn union gywir tra bo gwerthoedd y yn cynnwys hapgyfeiliornadau mesur wedi eu dosrannu'n normal gyda chymedr sero a gwyriad safonol 0.8.

(i) Cyfrifwch ffiniau hyder 99% ar gyfer β. Trwy hynny, darganfyddwch ffiniau hyder 99% ar gyfer y gwahaniaeth yn y llygredd ar ddau bwynt A a B sydd wedi eu lleoli 1.5 milltir a 3.2 milltir, yn y drefn honno, lawr yr afon oddi wrth y bibell wastraff.

(ii) Mae nawr yn dymuno amcangyfrif faint o lygredd sydd 4.5 milltir lawr yr afon oddi wrth y bibell. Mae'n ystyried dau amcangyfrif diduedd posibl.

Amcangyfrif 1: cymedr dau werth y yn y tabl pan fo x = 4 a x = 5.

Amcangyfrif 2: gwerth y a geir drwy roi x = 4∃5 yn y berthynas linol a gafwyd yn (a).

Cyfrifwch werthoedd y ddau amcangyfrifyn hyn. Darganfyddwch gyfeiliornadau safonol y ddau amcangyfrifyn hyn. Trwy hynny, nodwch, gan roi rheswm, pa un yw'r amcangyfrif gorau.

15. (S2 1998) Mae hyd cebl, y metr, sy'n cario llwyth o x cilogram yn bodloni'r hafaliad y = α + βx. Mewn arbrawf i amcangyfrif α a β ar gyfer cebl penodol, mesurwyd gwerth y ar gyfer pob un o 15 gwerth ar gyfer x. Cyfrifwyd y symiau canlynol o'r 15 pâr o werthoedd.

$$\sum x = 225, \sum y = 238 \cdot 5, \sum x^2 = 3625, \sum xy = 3581$$

(a) Cyfrifwch amcangyfrifon swm lleiaf sgwariau ar gyfer α a β. [4]

Roedd y gwerthoedd a fesurwyd ar gyfer y yn cynnwys cyfeiliornadau annibynnol wedi eu dosrannu'n normal gyda chymedr sero a gwyriad safonol 0.02 m.

(b) Gan gymryd lefel arwyddocâd 5%, profwch y rhagdybiaeth nwl bod β = 0.016 yn erbyn y rhagdybiaeth arall ei fod yn llai na 0.016. [4]

(c) Cyfrifwch ffiniau hyder 98% ar gyfer hyd y cebl pan roddir llwyth o 20 kg arno. [4]

16. (A3 1999) Mae'r hafaliad y = α + βx yn cysylltu'r newidynnau x ac y, lle mae α a β yn gysonion anhysbys. Mewn arbrawf, gellir gosod gwerthoedd x yn union ond mae gwerthoedd y yn cynnwys hapgyfeiliornadau annibynnol wedi eu dosrannu'n normal

Perthnasoedd llinol

gyda chymedr sero a gwyriad safonol 0.35. Aeth yr arbrofwr ati i osod gwerthoedd x ar 10, 20, 30, 40 a 50 a mesurodd y pum gwerth cyfatebol ar gyfer y. Yna, cyfrifodd amcangyfrifon swm lleiaf sgwariau cywir ar gyfer α a β, sef 2.21 a 0.85, yn y drefn honno.

(a) Darganfyddwch gymedr ei bum mesuriad. [2]

(b) Darganfyddwch ffiniau hyder 95% neu wir werth y pan fo x = 35. [6]

17. (S2 1999) Mae ymchwilydd yn gwybod bod y ddau newidyn x ac y yn perthyn i'w gilydd drwy berthynas linol ar ffurf y = α + βx, lle mae x ac y yn gysonion anhysbys. Cynhaliwyd arbrawf gyda'r gwerthoedd 5, 10, 15, 20 a 25, yn y drefn honno, ar gyfer x a mesurwyd y gwerthoedd cyfatebol ar gyfer y. Drwy ddefnyddio dull swm lleiaf sgwariau gyda'r canlyniadau a gafwyd, amcangyfrifodd yr ymchwilydd mai y = 13.4 + 0.35x oedd y berthynas.

(a) Cyfrifwch gymedr pum gwerth dan sylw y. [2]

Roedd y gwerthoedd a fesurwyd ar gyfer y yn cynnwys cyfeiliornadau annibynnol wedi eu dosrannu'n normal gyda chymedr sero a gwyriad safonol 0.3.

(b) Cyfrifwch ffiniau hyder 90% ar gyfer gwerth α. [6]

(c) Cyn cynnal yr arbrawf, roedd yr ymchwilydd yn credu bod α = 14. Sut dylai'r ymchwilydd newid y gwerth hwn am α yng ngoleuni'r canlyniad a gafwyd yn (b)? Rhowch reswm dros eich ateb. [1]

ATEBION RHIFYDDOL

Ymarfer 1.1
1. $\dfrac{61}{225}, \dfrac{61}{600}$ 2. $\dfrac{3}{5}$ 6. (a) $\mu = 4, \sigma^2 = 14.4$ 7. 46.8, 0.093^c 8. (a) 0.8 (b) 0.4

Ymarfer 1.2
2. 1.38 4. $1\dfrac{2}{3}, \dfrac{5}{9}$; (a) $1\dfrac{2}{3}, \dfrac{5}{27}$, (b) $\dfrac{85}{54}$, (c) $\dfrac{7}{6}$

Ymarfer 1.3a
1. (a) 0.8, 0.04 2. $2\dfrac{1}{2}, \dfrac{5}{48}$ 3. $\dfrac{7}{12}, \dfrac{1}{144}$ 4. 25, 375; 25, 93.75
5. 2.5, 0.5 6. n = 64

Ymarfer 1.3b
1. 0.9615 2. 0.019 3. 0.023 4. (a) 0.038 (b) 0.038 5. 0.997
6. 0.997 7. (a) 0.5 (b) 0.841 8. 0.118 9. 0.736, 32 cm 10. 0.866

Ymarfer 1.4
1. 0.7, 0.0525 2. 0.000384 3. (a) $\dfrac{1}{2}, \dfrac{1}{80}$ (b) $\dfrac{1}{3}, \dfrac{1}{90}$ (c) $\dfrac{1}{6}, \dfrac{1}{144}$
4. $\dfrac{1}{64}, \dfrac{63}{40960}$ 5. $\dfrac{5}{8}, \dfrac{1}{64}$

Amrywiol Gwestiynau ar Bennod 1
1. 0.8 2. $4\dfrac{2}{3}$ 3. $\dfrac{3}{4}\alpha, \dfrac{3}{80}\alpha^2$ 4. (a) 2.8, 0.6 (b)(ii) $\dfrac{7}{75}$ (c) 4
5. (i) 21.5, 5.25 (ii) 86, 14 (iii) 86, 21 6. 0.14 9. (b) 2.4, 0.64 (c) 0.1303
11. (c) $4\dfrac{2}{3}$ 12. (a) $\dfrac{1}{12n}$ (c) n = 33

Ymarfer 2.1
1. T_3 2. $a = b = \dfrac{1}{2}$ 3. $c = 2, \dfrac{\theta^2}{3n}$ 4. $a = \dfrac{1}{2}, b = \dfrac{1}{4}$; 12 5. 1.875
6. (a) 4.98, 0.01 (b) 0.6827 7. $\dfrac{\theta}{\sqrt{30}}$ 8. $c = \dfrac{2}{3}; \dfrac{1}{3}\theta$ 9. 4.26; $\theta \geq 4.4$

Ymarfer 2.2
1. 0.6, 0.0693, 0.0707 2. 0.002, 0.014, 0.05 3. 0.6, 0.0354 4. T_2
5. $\dfrac{1}{20}\theta(1-\theta)$; $\dfrac{1}{20}\theta(1-2\theta)$; T_2 7. $\dfrac{(n-X)(n-X-1)}{n(n-1)}$ 9. 0.0151

Atebion rhifiadol

Ymarfer 2.3

1. 3.8, $\frac{1}{7}$ **2.** 2317 **3.** (a) 1.93, 1.178 (b) 3.86, 14.136 **4.** 3.3, 3.9

5. (b) $c = \frac{1}{2(n-1)}$

Ymarfer 2.4

1. (a) $\frac{4-\theta^2}{n}$ (b) $\frac{3-\theta^2}{n}$ (c) T_2 **2.** T_2 **3.** T_2

Amrywiol Gwestiynau ar Bennod 2

1. $a = \frac{2}{3k+2}$ **3.** T_1 **4.** (c) 0.843 **5.** (a) 0.8 (b) 0.046 (c) 0.6 (d) 0.092
6. $\alpha/24$ **7.** 7.215 **10.** (c)(i) $a = \frac{3}{4}$, $b = -\frac{1}{4}$ **13.** (b)(i) 24.2 (ii) 600

Ymarfer 3.1

1. (1.28, 4.22) **2.** 71.16, 80.44 **3.** 64, 1.22 **4.** 2.997, 3.075 **5.** 43
6. (a) (3.42, 3.48) (b) (3.45, 3.51) **7.** (2.473, 3.779) **8.** 90%
9. (a) (964.9, 1001.1) (b) 290

Ymarfer 3.2

1. (19.17, 22.83) **2.** 2.40, 7.60 **3.** (1.46, 2.14) **4.** (−0.48, 2.08)
5. (a) (0.042, 1.038) (b) (−0.240, 1.320) **6.** 45

Ymarfer 3.3a

1. 7.56, 0.716; 7.046, 7.474 **2.** (15.19, 16.41); 6.59, 7.21 **3.** (1.741, 1.779)
4. 454.26, 0.23475; (453.46, 455.06) **5.** 7, 4; (6.345, 7.465); £3.17, £3.73
6. 9.765, 9.985 **7.** (14.84, 15.56) **8.** (1.073, 1.577)

Ymarfer 3.3b

1. (2.19, 4.01) **2.** 0.86, 2.14 **3.** (−0.409, 0.009) **4.** (1.572, 1.588), (0.156, 0.186)
5. 132, 4; (131.62, 132.38); (2.38, 3.62) **6.** (17.69, 18.11); (−0.05, 0.45)
7. (4.81, 6.59) **8.** 18.02, 19.98

Ymarfer 3.3c

1. 0.333, 0.383 **2.** 0.478, 0.566 **3.** 0.302, 0.368 **4.** (0.387, 0.447)
5. 0.337, 0.398 **6.** (a) (0.145, 0.255) (b) 385 **7.** (a) 0.059, 0.221 (b) 148, 552
8. (a) 8000 (b) 5500; 14500 **9.** 0.065, 0.0174; (0.031, 0.099)
10. 0.66, 0.048; 0.55, 0.73; 3.09, 3.47 **11.** (0.826, 0.945)

Atebion rhifiadol

Ymarfer 3.3d
1. 2.26, 2.78   2. 0.561, 0.789   3. 0.602, 1.064   4. (81.02, 85.64)   5. 3.38, 4.42
6. 7.37, 8.83   7. 1.59, 2.41   8. (5.694, 6.506); (0.0015, 0.0034)

Amrywiol Gwestiynau ar Bennod 3
1. $\theta + \frac{1}{2}, \frac{1}{12}$; 1.9, 0.4; 0.0913; 0.303, 0.417   2. (i) (6.42, 8.38)   (ii) 62
3. (£85.31, £87.49); (−£0.12, £2.52)   4. (a) 11   (b) 1.8, 2.6   5. −0.29, 1.09; 2.04
6. 4.96, 5.00   7. 0.7, 0.0458; 0.61, 0.79   8. (a) 68.95, 72.15   (b) 0.09, 4.61
9. 14.41, 14.99   10. 0.38, 0.83   11. (0.56, 0.65)   12. (a) 1.06 (b)(i) (80.15, 80.45)
13. (6.25, 6.46)   14. (a) 0.8 (b) 0.04 (c) (0.73, 0.87)   15. (a) 28.09 (b) (68.35, 70.05)
16. (49.95, 50.09)   17. (a) (0.73, 1.73)   18. (a) (0.176, 1.146)

Ymarfer 4.1a
1. gwerth p ≈ 0.0485; $\mu < 2000$
2. gwerth p ≈ 0.0094; $\mu < 800$
3. gwerth p < 0.00006; $\mu < 133$
4. gwerth p ≈ 0.347;   gwrthod yr honiad
5. gwerth p ≈ 0.0367;   derbyn yr honiad
6. gwerth p ≈ 0.001; nid yw gan yr awdur hwnnw
7. gwerth p ≈ 0.008; $\mu < 1$
8. gwerth p ≈ 0.0027;   cefnogi'r gŵyn

Ymarfer 4.1b
1. gwerth p = 0.031; $\mu_1 > \mu_2$
2. gwerth p = 0.027; $\mu_x > \mu_y$
3. gwerth p = 0.018;   John
4. gwerth p = 0.008; gellir cyfiawnhau'r honiad
5. gwerth p = 0.1755; ni ellir gwahaniaethu rhwng y ddau ddull
6. gwerth p = 0.0418; gellir cyfiawnhau'r honiad
7. gwerth p = 0.061; ni ellir cyfiawnhau'r honiad
8. gwerth p = 0.043;   mae'r gwahaniaeth > 15 cm
9. gwerth p = 0.075; ni ellir cyfiawnhau bod y cymedr wedi lleihau fwy na 5 eiliad
10. gwerth p = 0.001; $\mu_B > \mu_A$

Ymarfer 4.2a
1. gwerth p = 0.011; gwerth dan sylw z = 2.286; cymedr > 15.2
2. gwerth p = 0.035; gwerth dan sylw |z| = 2.111; (a) $\mu > 52$ (b) lefel arwyddocâd yn rhy fach i gyfiawnhau gwrthod $\mu = 52$
3. gwerth p = 0.772; gwerth dan sylw |z| = 0.290; lefel arwyddocâd yn rhy fach i gyfiawnhau gwrthod $\mu = 3$
4. gwerth p = 0.026; gwerth dan sylw z = −1.94; gellir cyfiawnhau'r gŵyn
5. gwrthod $\mu = 49.5$ ar gyfer unrhyw $\alpha \geq 0.04$

Atebion rhifiadol

6. gwerth p = 0.019; gwerth dan sylw z = −2.08; lefel arwyddocâd yn rhy fach i gyfiawnhau gwrthod μ = 12000

7. gwerth p = 0.13; gwerth dan sylw |z| = 1.515; lefel arwyddocâd yn rhy fach i gyfiawnhau gwrthod μ = 10%

Ymarfer 4.2b

1. (a) 0.102 (b) gwerth p = 0.0485; gwerth dan sylw z = 1.660; $\mu - \lambda < 10$
2. gwerth p = 0.078; gwerth dan sylw |z| = 1.765; lefel arwyddocâd yn rhy fach i gyfiawnhau gwrthod $\mu_x = \mu_y$
3. gwerth p = 0.033; gwerth dan sylw z = 1.838; mae gan y teiars drutach hyd oes hwyach
4. gwerth p = 0.27; gwerth dan sylw |z| = 1.239; lefel arwyddocâd yn rhy fach i benderfynu a ydynt yn wahanol
5. (a) 1.849
6. gwerth p ≈ 0.037; gwerth dan sylw |z| = 2.082; mae gan yr ail adran gymedr uwch
7. gwerth p ≈ 0.014; gwerth dan sylw z = 2.208; mae fflworid yn fuddiol
8. gwerth p ≈ 0.161; gwerth dan sylw z = 0.987; lefel arwyddocâd yn rhy fach i chi allu penderfynu
9. (a) gwerth p ≈ 0.048; gwerth dan sylw |z| = 1.979; dull B yn gyflymach ar gyfartaledd
   (b) 4.8%
10. gwerth p ≈ 0.0014; gwerth dan sylw z = 2.995; mae'r rhagdybiaeth yn wir

Amrywiol Gwestiynau ar Bennod 4

1. gwerth p ≈ 0.267; lefel arwyddocâd yn rhy fach i gyfiawnhau gwrthod μ = 3.75
2. gwerth p ≈ 0.008; newid i B
3. (a) (0.16, 6.04) yw'r C.H. 95% (b) gwerth p = 0.038; $\mu_1 > \mu_2$ **4.** 0.1316
5. gwerth p ≈ 0.0065; dod i'r casgliad bod gan fath A sgôr cyfartalog uwch
6. (b)(i) 0.02   **7.** (a)(i) 2.316 (ii) 0.3030 (b) gwerth p = 0.201
8. (a) 74.89, 0.1191 (c)(i) 0.001   **9.** (a) 15.6, 4 (b) (14.94, 16.26) (c)(i) 0.093
11. 0.009; A

Ymarfer 5.1

1. (a) positif (b) 3.03, 1.11 (c) 5.8   **2.** 0.95, 0.057, 1.58
3. 61.45, 0.857, 82.9   **4.** 2.9, −500, 0.9   **5.** (a) 57.2 (b) −0.48 (c) 47.6 (d) 9.6
6. y = 23 − 0.325x; −4.875   **7.** (a) y = 38.8 + 12.4x (b) 12.4

Atebion rhifiadol

Ymarfer 5.2

1. (a) 2.41, 3.65 (b) gwerth p ≈ 0.004; casglu bod y > 5.3
2. (a) 0.93, 0.97 (b) 0.0019; casglu bod y < 1.59   3. 81.6, 84.1
4. (a) −565, −435 (b) Casglu bod w < 1 pan fo t = 250
5. (a) 47.06, 48.14 (b) −9.55, −9.65   6. −5.00, −4.75
7. (a) 12.14, 12.66 (b) 1.06, 1.94   8. (1.592, 1.628); (7.96, 8.14)

Ymarfer 5.3

1. Set 1

Amrywiol Gwestiynau ar Bennod 5

1. (i) 2.96, 3.84 (ii) −0.66, −0.64
2. (i) $40\frac{1}{9}, -\frac{3}{10}$ (ii)(a) (−0.50, −0.10) (b) (25.5, 30.7)

   (iii) cyfeiliornad safonol llai
3. (a) 10.005, 0.00115   (b) 9.973, 10.037

   (c) gwerth p = 0.0083; casglu bod y gwir hyd yn < 10.65
4. (ii) y = 15.38 − 2.32x (iii) gwerth p = 0.025; casglu bod β < −2.2 (iv) 3.21, 3.39
5. (a)(i) y = 13.72 + 3.56x (ii) 3.47, 3.65

   (b) gwerth p = 0.049; casglu bod y gwir werth > 30
6. (i) 73.4 (ii) (2.495, 2.705)

   (iii) 0.059; ni ellir gwrthod α = 6.1 ar lefel arwyddocâd 5%
7. (a) a = 1.70, b = 0.77 (b) 0.44, 0.87
8. (a) 140.4, 0.3183 (b)(i) 0.294, 0.343 (ii) 149.67, 150.23 (c) 22.5°C
9. (a) 3.81, 1.27 (b)(i) gwerth p = 0.332; ni ellir gwrthod β = 1.3 gyda lefel arwyddocâd 0.05 (ii) gwerth p = 0.031; casglu bod α < 4.1
10. (a)(i) 42.2, 7.229 (ii) 77.91, 78.77 (b) Nid yw'n arwyddocaol
11. (a) 12.04, 0.206 (b)(i) 0.192, 0.220 (ii) 16.91, 17.47
12. (a)(i) 75, 32.86, 1375, 444.05 (b) (0.072, 0.080)
13. (a) 126.5, −1.025 (b)(i) (8.78, 11.72) (ii) Nid yw'n arwyddocaol
14. (a) 40.888, −3.46 (b)(i) (−4.11, −2.81); (4.78, 6.99) (ii) 25.52, 25.32; 0.57, 0.52
15. (a) 15.69, 0.014 (b) Nid yw'n arwyddocaol (c) (15.95, 15.98)
16. (a) 27.71 (b) (31.63, 32.29)
17. (a) 18.65 (b) (12.88, 13.92) (c) Casglu bod α < 14

MYNEGAI

amcangyfrif cyfeiliornad safonol		
cyfran sampl		28
cymedr sampl		49
y gwahaniaeth rhwng		
dau gymedr sampl		51
amcangyfrif cyfwng		42
amcangyfrif diduedd		23
amrywiant		31
cymedr		24
paramedr perthynas linol		93
tebygolrwydd		28
amcangyfrif pwynt		23
amcangyfrifyn diduedd gorau		24
cyfeiliornad safonol		
amcangyfrif swm lleiaf sgwariau		93
cyfran		28
cymedr sampl		48
y gwahaniaeth rhwng		
dau gymedr sampl		47
cyfwng ar hap		43
cyfwng hyder (ffiniau)		43
dosraniad samplu		
amcangyfrif swm lleiaf sgwariau		93
cyfran		16
cymedr sampl		12
y gwahaniaeth rhwng		
dau gymedr sampl		47
ystadegyn		2
dull swm lleiaf sgwariau		88
ffiniau hyder ar gyfer		
cymedr cyffredin		42
paramedr perthynas linol		94
y gwahaniaeth rhwng		
dau gymedr cyffredin		47

ffiniau hyder bras ar gyfer		
cymedr poblogaeth		49
cymedr Poisson		57
y gwahaniaeth rhwng		
cymedr dwy boblogaeth		51
gwerth p		64
gwerth p bras ar gyfer		
cymedr sampl		64
y gwahaniaeth rhwng		
dau gymedr sampl		67
hapsampl o		
boblogaeth feidraidd		3
dosraniad		8
lefel arwyddocâd		73
paramedr		2
perthynas linol		87
prawf arwyddocâd		
cymedr poblogaeth		73
paramedr perthynas linol		94
y gwahaniaeth rhwng		
dau gymedr		77
profi rhagdybiaethau ar gyfer		
cymedr normal		64
paramedr perthynas linol		94
y gwahaniaeth rhwng		
dau gymedr normal		67
rhanbarth critigol		73
samplu heb roi'r gwrthrychau'n ôl		3
Theorem y Terfyn Canol		13
ystadegaeth gasgliadol		1
ystadegyn		2
ystadegyn prawf		64